改訂版

高校入試 塾で教わる 小論文・作文の書き方

JN037643

西村創、石井知哉

※本書は、2015年10月に小社より刊行された『高校入試　塾で教わる　小論文・作文の書き方』をもとに、
増補・再編集した改訂版です。

KADOKAWA

はじめに

「小論文」や「作文」にどんなイメージをもっていますか？　面倒くさい、大変、ニガテ……、そんなマイナスイメージをもっていませんか？　たしかに「うまい」といわれる作文を書けるようになるには時間がかかります。読む人を惹《ひ》きつける文章を書くにはセンスも必要です。

でも、高校入試で出される小論文・作文で「うまい」文を書く必要はないのです。必要なのは、**与えられた条件に沿《そ》って短時間でミスなく完成させること**です。そしてそれは、難しいことではありません。作文が苦手でも心配いりません。内容が浅かったり、表現がつたなかったりしても大丈夫。ポイントさえつかめば高得点を取れるようになるのです。

なぜなら、一般入試における小論文・作文の採点は、**加点法ではなく、減点法で行われることが多い**からです。いくらすばらしい表現や文学的な美しい言い回しをしても、「この部分はよく書けているからプラス3点あげよう」ということにはなりません。むしろ、「漢字がまちがっているからマイナス1点」「結論が課題のテーマとずれているからマイナス5点」というように、ミスがあれば確実に減点されます。**「いかにうまい作文を書くか」ということよりも、「いかに減点されない作文を書くか」**という姿勢で臨《のぞ》んだほうが、高得点に近づけます。

どうでしょうか？　すこし気が楽になりませんか？　一般入試の国語の問題の一部として出される小論文・作文は、10点から15点という配点の高さです。作文で点数を取れるようになると、国語の得点が大きくアップします。入試に作文が出題される場合、**小論文・作文のできが合否**

に大きく影響するといっていいでしょう。また、推薦《すいせん》入試の作文は単独の試験科目であり、合否に直接かかわります。ただ、推薦入試の小論文・作文も、一般入試の場合の書き方と大きく変わりません。

小論文や作文で高得点を取るのは難しいことではありません。減点されないように注意する、短時間で完成度の高い作文を書く、それができるようになれば高得点を取れるようになります。練習時間がかかるものではありません。ちょっとしたコツを知り、すこし練習を重ねればだれでも小論文・作文を得点源にすることができます。ぜひ、前向きに取り組んで志望校に合格してください。

さて、本編では一般入試、推薦入試の各パターンにおける小論文・作文の書き方を紹介しています。すべてのページを読む必要はありません。自分の受験する学校の出題形式に合った説明が紹介されているページだけを読めばＯＫです。

高校入試を控えたみなさんは、小論文や作文以外にも勉強しなくてはいけないことがたくさんあるはずです。作文だけに時間をかけるわけにはいかないですよね。短い時間で効率的に攻略しましょう。それでは、本編に進んでください。

西村 創《はじめ》
石井知哉《ともや》

本書の特長

本書は「プロローグ」「STEP1」「STEP2」「STEP3」からなる、全4章で構成されています。
本書を効果的に使って、入試小論文・作文を得意分野にしましょう！

プロローグ

一般入試と推薦《すいせん》入試
それぞれのちがいを把握《はあく》しよう
☑高得点のポイントは、正しい日本語で書くということ。
☑推薦入試の作文では前向きな姿勢をアピールしよう。

一般入試と推薦入試では作文の出題形式、制限字数と時間、評価のポイントが大きく異なります。一般と推薦、どちらで受けるか決まったら、その特徴《とくちょう》を知っておきましょう。

一般入試の小論文・作文
ほとんどの都道府県の一般入試では、国語の問題の一部に小論文・作文を出題しています。作文だけの独立した試験ではないので、制限時間内に読解《どっかい》問題や知識問題を解いたうえで、作文も書き上げることが求められます。ただ、だからこそ内容が表面的であってもミスのない日本語で書かれていれば高得点を得られるのが特徴です。配点は10点から15点程度、出題形式は大きく分けて次の3種類です。
❶ 論説《ろんせつ》文の読解問題の一部として出題され、その文章をもとに意見を述べるもの
❷ 与えられた表やグラフを読み取って、意見を述べるもの
❸ 中学生たちがまとめたいくつかのレポートをもとに、意見を述べるもの

推薦入試の小論文・作文
推薦入試の小論文・作文は書き手の考え方や価値観を知るために課されます。そのため、「この生徒にうちの学校に来てもらいたい」と採点者に思わせる必要があります。受験する学校のことをよく知ったうえで、自分の理想とする高校生活をどのように実現させるのか。その点を踏《ふ》まえて文章を書くことができれば、合格が近づくでしょう。

10

プロローグでは、高校入試で出題される小論文・作文とはどのようなものなのか、どのようなテーマの小論文・作文を書くことが求められるのかを解説しています。これから小論文・作文対策を始めるキミにとって、必須の知識です。苦手を克服するには、まずは「相手を知る」必要があるわけです。

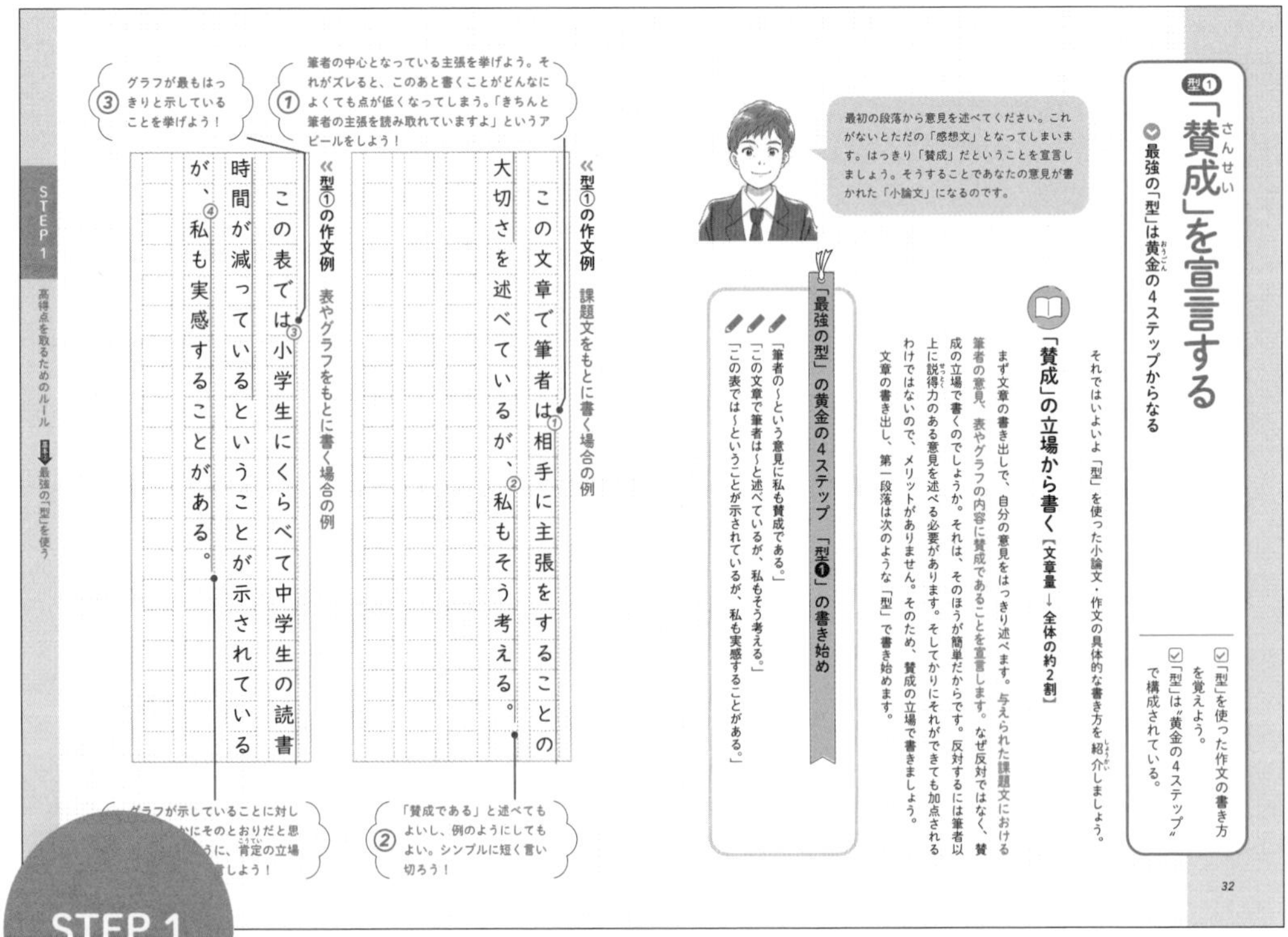
型①「賛成《さんせい》」を宣言する
最強の「型」は黄金《おうごん》の4ステップからなる
☑「型」を使った作文の書き方を覚えよう。
☑「型」は〝黄金の4ステップ〟で構成されている。

それではいよいよ「型」を使った小論文・作文の具体的な書き方を紹介《しょうかい》しましょう。

最初の段落から意見を述べてください。これがないとただの「感想文」となってしまいます。はっきり「賛成」だということを宣言しましょう。そうすることであなたの意見が書かれた「小論文」になるのです。

「賛成」の立場から書く【文章量→全体の約2割】
まず文章の書き出しで、自分の意見をはっきり述べます。与えられた課題文における筆者の意見、表やグラフの内容に賛成であることを宣言します。なぜ反対ではなく、賛成の立場で書くのでしょうか。それは、そのほうが簡単だからです。反対するには筆者以上に説得《せっとく》力のある意見を述べる必要があります。そしてかりにそれができても加点されるわけではないので、メリットがありません。そのため、賛成の立場で書きましょう。文章の書き出し、第一段落は次のような「型」で書き始めます。

「最強の型」の黄金の4ステップ「型❶」の書き始め
「筆者の～という意見に私も賛成である。」
「この文章で筆者は～と述べているが、私もそう考える。」
「この表では～ということが示されているが、私も実感することがある。」

《型①の作文例 課題文をもとに書く場合の例
この文章で筆者は①相手に主張をすることの大切さを述べているが、②私もそう考える。

《型①の作文例 表やグラフをもとに書く場合の例
この表では③小学生にくらべて中学生の読書時間が減っているということが示されているが、④私も実感することがある。

① 筆者の中心となっている主張を挙げよう。それがズレると、このあと書くことがどんなによくても点が低くなってしまう。「きちんと筆者の主張を読み取れていますよ」というアピールをしよう！
③ グラフが最もはっきりと示していることを挙げよう！
② 「賛成である」と述べてもよいし、例のようにしてもよい。シンプルに短く言い切ろう！
グラフが示していることに対し
STEP 1
高得点を取るためのルール
最強の「型」を使う

32

STEP 1

STEP 1 では、実際の小論文・作文の書き方と、高得点を取るためのルールを解説。「型」の使い方を覚えてしまえば、どんな小論文・作文も書けるようになります！

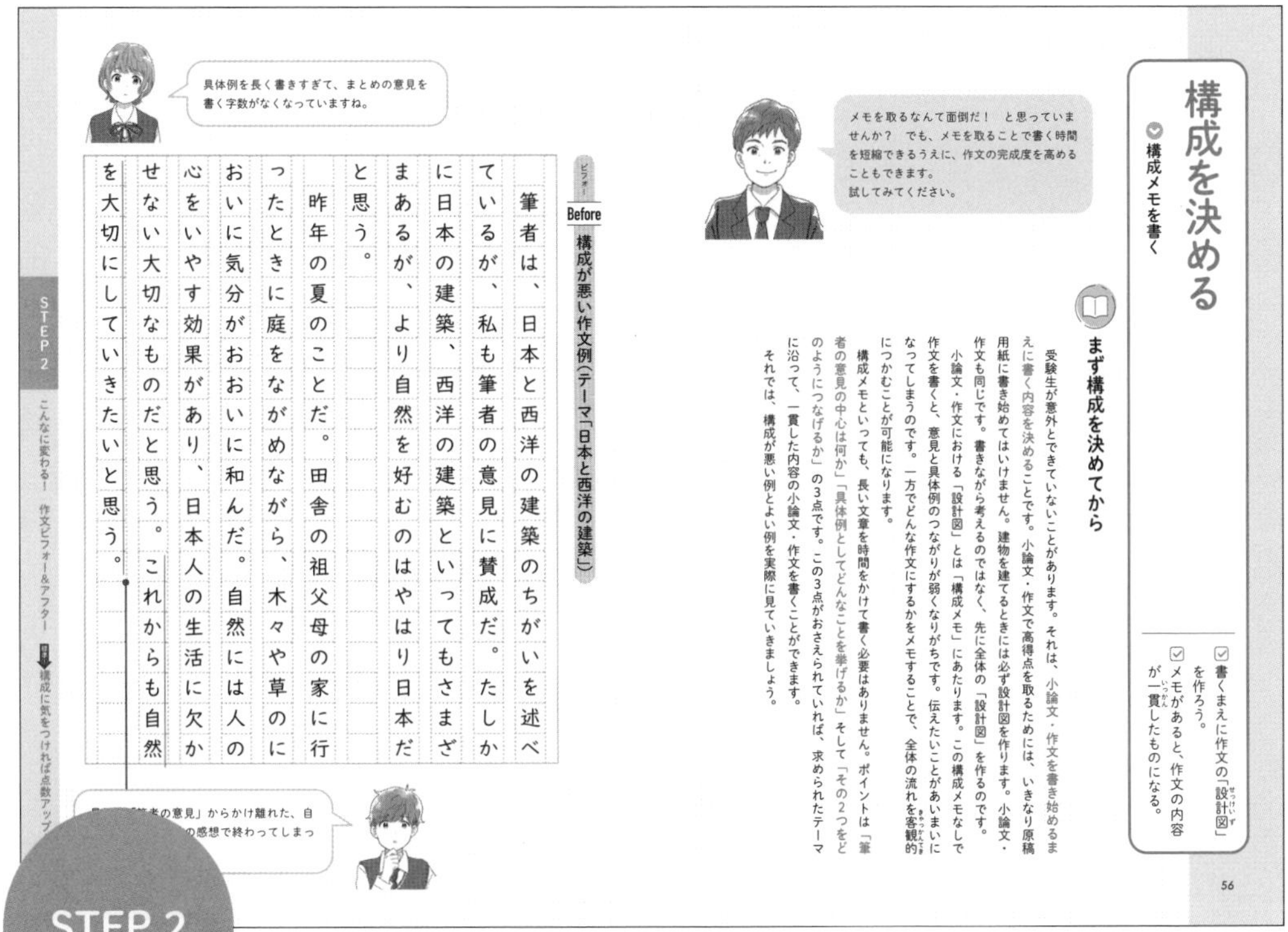

構成を決める

構成メモを書く

☑書くまえに作文の「設計図《せっけいず》」を作ろう。
☑メモがあると、作文の内容が一貫《いっかん》したものになる。

まず構成を決めてから

受験生が意外とできていないことがあります。それは、小論文・作文を書き始めるまえに書く内容を決めることです。小論文・作文で高得点を取るためには、いきなり原稿用紙に書き始めてはいけません。建物を建てるときには必ず設計図を作ります。小論文・作文も同じです。書きながら考えるのではなく、先に全体の「設計図」を作るのです。

小論文・作文における「設計図」とは「構成メモ」にあたります。この構成メモなしで作文を書くと、意見と具体例のつながりが弱くなりがちです。伝えたいことがあいまいになってしまうのです。一方でどんな作文にするかをメモすることで、全体の流れを客観的《きゃっかんてき》につかむことが可能になります。

構成メモといっても、長い文章を時間をかけて書く必要はありません。ポイントは「筆者の意見の中心は何か」「具体例としてどんなことを挙げるか」そして「その2つをどのようにつなげるか」の3点です。この3点がおさえられていれば、求められたテーマに沿って、一貫した内容の小論文・作文を書くことができます。

それでは、構成が悪い例とよい例を実際に見ていきましょう。

56

STEP 2 こんなに変わる！ 作文ビフォー＆アフター 構成に気をつければ点数アップ

Before《ビフォー》 構成が悪い作文例（テーマ「日本と西洋の建築」）

筆者は、日本と西洋の建築のちがいを述べているが、私も筆者の意見に賛成だ。たしかに日本の建築、西洋の建築といってもさまざまあるが、より自然を好むのはやはり日本だと思う。

　昨年の夏のことだ。田舎の祖父母の家に行ったときに庭をながめながら、木々や草のにおいに気分がおおいに和んだ。自然には人の心をいやす効果があり、日本人の生活に欠かせない大切なものだと思う。これからも自然を大切にしていきたいと思う。

STEP 2

STEP 2では、作文例をもとに、もっとよい小論文・作文の書き方を解説しています。一文の長さや構成に気をつけると、キミの作文が見ちがえるようになります。

STEP 3はテーマに沿った小論文・作文例を紹介しています。ここまできたら、苦手意識はなくなっていると思うので、どんなテーマにも挑戦できるはず。いろいろなタイプの例を紹介しているので、参考にしてください。

STEP 3

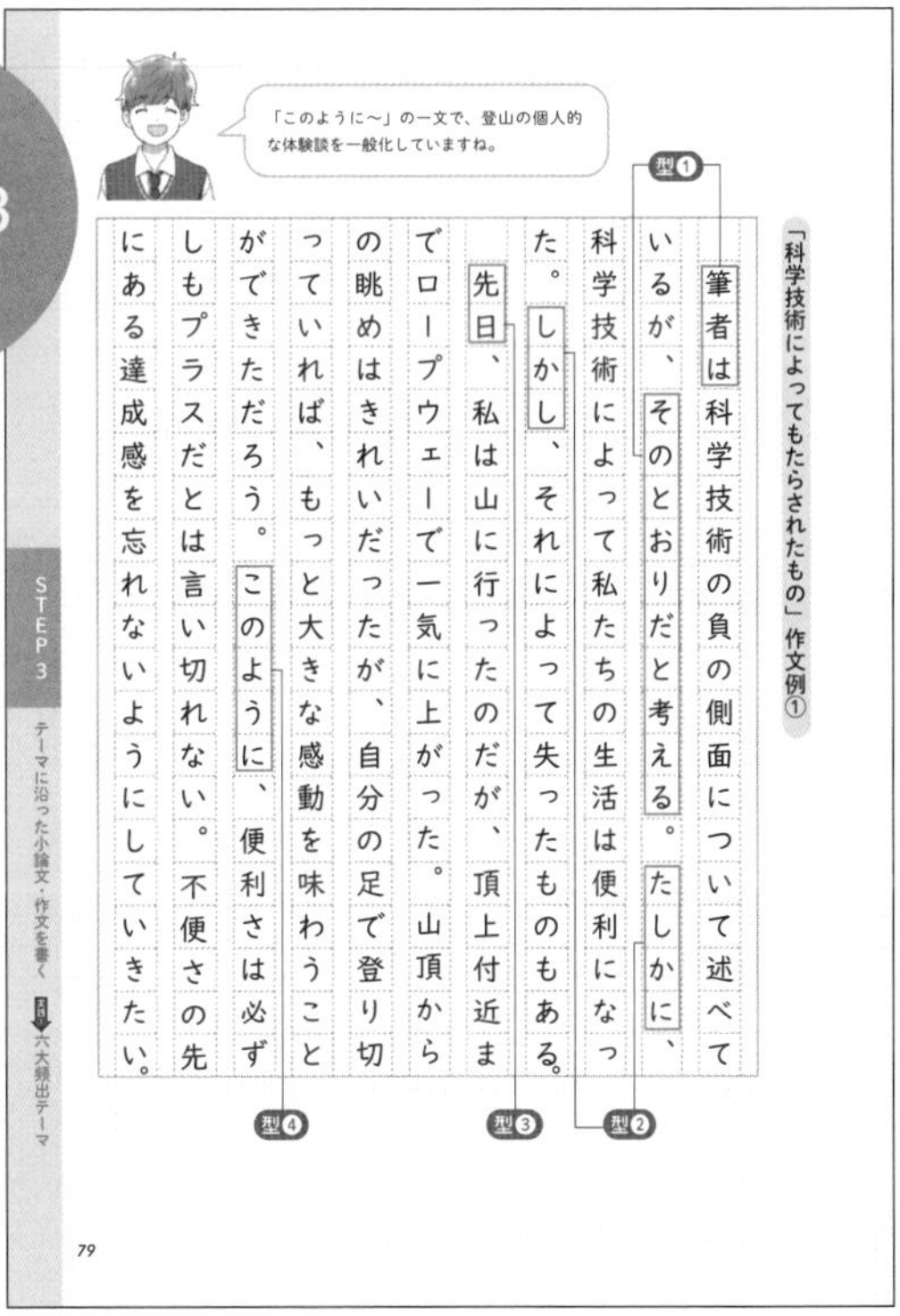

「科学技術によってもたらされたもの」作文例①

筆者は科学技術の負の側面について述べているが、そのとおりだと考える。たしかに、科学技術によって私たちの生活は便利になった。しかし、それによって失ったものもある。

　先日、私は山に行ったのだが、頂上付近までロープウェーで一気に上がった。山頂からの眺めはきれいだったが、自分の足で登り切っていれば、もっと大きな感動を味わうことができただろう。このように、便利さは必ずしもプラスだとは言い切れない。不便さの先にある達成感を忘れないようにしていきたい。

型①　型②　型③　型④

STEP 3 テーマに沿った小論文・作文を書く 六大頻出テーマ

79

【原稿用紙PDF無料ダウンロード方法】

本書をご購入いただいた方への特典として、**「構成メモ欄つき原稿用紙PDF」**を無料でダウンロードいただけます。
記載されている注意事項をよくお読みになり、ダウンロードページへお進みください。
https://www.kadokawa.co.jp/product/322009000282/
上記のURLへアクセスいただくと、データを無料でダウンロードできます。「原稿用紙PDFのダウンロードはこちら」という一文をクリックして、ご利用ください。

〈注意事項〉

●ダウンロードはパソコンからのみとなります。携帯電話・スマートフォンからのダウンロードはできません 。
●ダウンロードページへのアクセスがうまくいかない場合は、お使いのブラウザが最新であるかご確認ください。また、ダウンロードする前に、パソコンに十分な空き容量があることをご確認ください。
●本サービスは予告なく終了する場合がございます。あらかじめご了承ください。

もくじ

STEP 2 こんなに変わる！ 作文ビフォー＆アフター

STEP 3 テーマに沿った小論文・作文を書く

ブックデザイン：山口秀昭（Studio Flavor）／**イラスト**：いつか／**DTP**：フォレスト／**校正**：アラレス、文字工房燦光／**編集**：平井榛花

高校入試の小論文・作文は「意見文」

あなたの「意見」を伝える

☑意見文を書くのに、センスは必要ない。
☑意見文の書き方には「型」があることを知ろう。

入試小論文・作文は意見文。意見文を書くのは簡単です。書き方が決まっているからです。書き方を覚えて高得点を取りましょう。

「あなたはどのように考えるのか」を書く

「文を作る」と書いて「作文」といいます。だからどんな種類でも、文章を書く行為は作文になるわけです。小説や論文のような長い文章はもちろん、手紙やレポートを書くのも作文です。メールやSNSの文章を打つのも、作文のうちに入ります。

では、高校入試で課される小論文・作文では、どんな文章が求められているのでしょう。それは「意見文」です。あなたの意見を文章で伝えてください、というのが入試小論文・作文です。

「意見文」は、感想文ではありません。作文というと、夏休みの宿題の定番である読書感想文を連想する人が多いかもしれませんが、読書感想文は本を読んだ感想を述べるものです。高校入試の小論文・作文では意見を求められているので、感想文になってしまうと点数がもらえません。課題文や表やグラフ、決められた題などをもとに、あなたはどのように考えるのか、あなたの意見を書くのです。

ですから、小論文・作文は「〜だ」「〜である」などと言い切りましょう。小論文・作文は「〜と思う」と書く人が多いのですが、これは感想を述べるときの表現です。

「意見文」は難しくない

意見文というと、難しそうに思えるかもしれません。しかし、高校入試で高得点をもらえる意見文を書くことは、評価される読書感想文を書くよりもずっと簡単です。

うまい読書感想文を書くには文章センスが求められますが、入試小論文・作文、いわゆる意見文では、センスはあまり必要ありません。それよりも自分の意見をシンプルに主張し、その意見が正しいといえる根拠《こんきょ》となる具体例を挙げることが求められます。

そして、入試作文にはその書き方、すなわち「型」があります。その型を使いこなせるようになれば、作文で高得点が得られます。その型の使い方も、すこし練習を重ねれば慣れることができるでしょう。苦手意識をもたず、ぜひ積極《せっきょくてき》的に取り組んでください。

一般入試と推薦《すいせん》入試

それぞれのちがいを把握《はあく》しよう

☑高得点のポイントは、正しい日本語で書くということ。
☑推薦入試の作文では前向きな姿勢をアピールしよう。

一般入試と推薦入試では作文の出題形式、制限字数と時間、評価のポイントが大きく異なります。一般と推薦、どちらで受けるか決まったら、その特徴《とくちょう》を知っておきましょう。

一般入試の小論文・作文

ほとんどの都道府県の一般入試では、国語の問題の一部に小論文・作文を出題しています。作文だけの独立した試験ではないので、制限時間内に読解《どっかい》問題や知識問題を解いたうえで、作文も書き上げることが求められます。ただ、だからこそ内容が表面的であってもミスのない日本語で書かれていれば高得点を得られるのが特徴です。配点は10点から15点程度、出題形式は大きく分けて次の3種類です。

❶ 論説《ろんせつ》文の読解問題の一部として出題され、その文章をもとに意見を述べるもの
❷ 与えられた表やグラフを読み取って、意見を述べるもの
❸ 中学生たちがまとめたいくつかのレポートをもとに、意見を述べるもの

推薦入試の小論文・作文

推薦入試の小論文・作文は書き手の考え方や価値観を知るために課されます。そのため、「この生徒にうちの学校に来てもらいたい」と採点者に思わせる必要があります。受験する学校のことをよく知ったうえで、自分の理想とする高校生活をどのように実現させるのか。その点を踏《ふ》まえて文章を書くことができれば、合格が近づくでしょう。

一般入試小論文・作文と推薦入試小論文・作文を書くときのポイント

一般入試

時間をかけすぎない

作文に時間をかけすぎると、文章読解問題を解く時間がなくなってしまいます。

むだのない表現でシンプルに書く

制限字数は２００字から２５０字程度、凝《こ》った表現は使わず、簡潔《かんけつ》に書きましょう。

設問文で指定されている条件を満たす

制限字数（多すぎても少なすぎてもダメ）・段落構成・内容・原稿用紙《げんこうようし》の使い方などの指定条件を満たしましょう。

推薦入試

具体的に書く

「志望《しぼう》動機」や「高校に入学してから力を入れて取り組みたいこと」、「将来の夢」などを具体的に書くことで個性が伝わります。

前向きな内容にする

推薦入試小論文・作文は文章による面接試験のようなもの。前向きな姿勢をアピールしてください。

課題文をもとに書くパターン

一般・推薦入試どちらでも定番のパターン

☑課題文を読んで書く作文について知っておこう。
☑定番パターンなので、事前に準備しておこう。

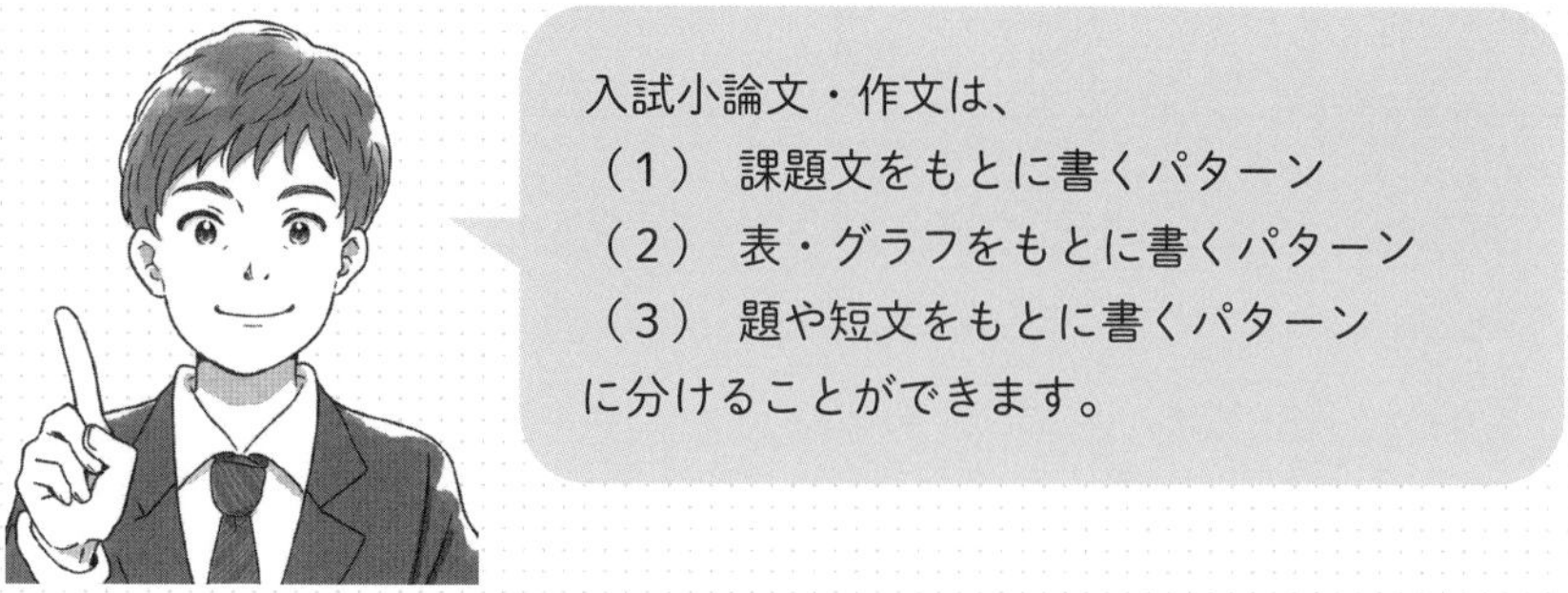
入試小論文・作文は、
（１）　課題文をもとに書くパターン
（２）　表・グラフをもとに書くパターン
（３）　題や短文をもとに書くパターン
に分けることができます。

課題文が与えられるパターン

与えられた文章をもとにして小論文・作文を書くことを求められるパターンです。一般入試でも推薦入試でも定番です。実際にどのように出されるか見てみましょう。

（文章省略）

国語の授業でこの文章を読んだ後、「自分の『記憶の拠《よ》り所《どころ》』となるもの」というテーマで自分の意見を発表することになった。このときにあなたが話す言葉を、具体的な体験や見聞《けんぶん》も含《ふく》めて二百字以内で書け。なお、書き出しや改行の際の空欄《くうらん》、、や。「などもそれぞれ字数に数えよ。

（令和三年度　東京都立高校共通　一般入試問題）

（文章省略）

本文では生物の多様性を評価しているが、生物に限らず、自分の身の回りで「多様性」が必要であると感じることがあるか。本文の全体の内容とあなた自身が経験したことなどを踏まえて、このことについてのあなたの考えを**二百五十字以内**で書け。なお、、や。や「などのほか、書き出しや改行の際の空欄もそれぞれ字数に数えること。

東京都立高校では、国語の読解問題の文章がそのまま作文の課題文になっているんですね。

（令和三年度　東京都立日比谷高校　一般入試問題）

文章を読んで、「アウトプットする面白さ」について、あなたの考えるところを、自分の経験をふまえて、書きなさい。（**文章省略**）

（令和二年度　東京都立深川高校　推薦入試問題）

次の**A**、**B**は、いずれも人の成長について述べた言葉です。
これらの言葉を読み、「**自分が成長するために**」という題で、まとまりのある二段落構成の文章を書きなさい。第一段落には、**A**と**B**の二つの言葉について、どのような考えが読み取れるか、書きなさい。それをふまえ、第二段落には、あなたの考えを、自身の体験や見聞きしたことを含めて書きなさい。
ただし、あとの《**注意**》に従うこと。

（**文章省略**）

《**注意**》
◇「題名」は書かないこと。
◇二段落構成とすること。
◇二〇〇字以上、二四〇字以内で書くこと。
◇文字は、正しく、整えて書くこと。

（令和二年度　山形県立高校　一般入試問題）

表・グラフをもとに書くパターン

表やグラフでも苦手意識をもたずに！

☑ 表やグラフから作文を書くパターンを見てみよう。

☑ 書き方のコツをつかめば簡単に書けるようになる。

表・グラフが示されるパターン

示された表やグラフについて意見を述べさせるパターンです。実際にどのように出題されるか見てみましょう。

次の**【資料】**は、日本の高校生に「自己評価」について質問した結果をグラフに表したものです。この**【資料】**について、あとの〈条件〉にしたがい、〈注意事項〉を守って、あなたの考えを書きなさい。

〈条件〉

① **二段落構成**とし、**十行以内**で書くこと。

② 前段では、A～Cの項目のうちからいずれか**一つを選び**、グラフが示す結果に対するあなたの考えを、そのように考える理由とともに書くこと。

③ 後段では、前段で選んだ項目（A～C）について、「自己評価」を高めるために、あなたが取り組みたいこと（または、現在取り組んでいること）を具体的にあげながら、なぜその取り組みが「自己評価」を高めることになると考えるのか、その理由もあわせて書くこと。

【資料】

日本の高校生の「自己評価」（平成二十九年度実施）
「自分自身についての評価項目とその回答」

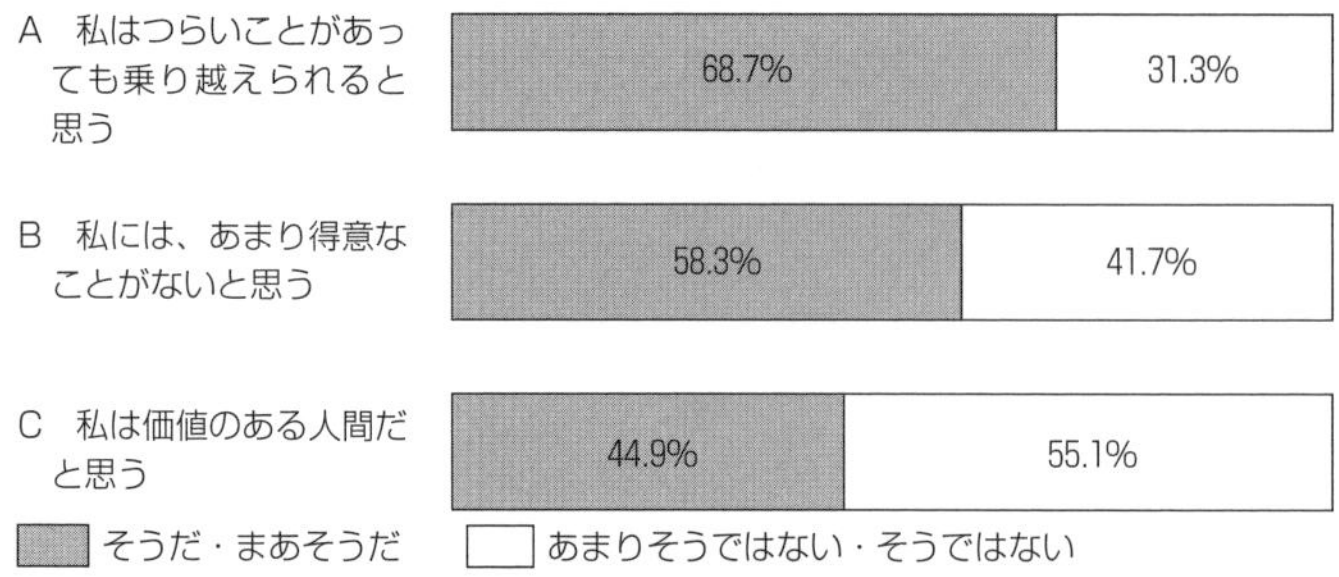
A　私はつらいことがあっても乗り越えられると思う
68.7%
31.3%
B　私には、あまり得意なことがないと思う
58.3%
41.7%
C　私は価値のある人間だと思う
44.9%
55.1%
そうだ・まあそうだ
あまりそうではない・そうではない

（国立青少年教育振興機構「高校生の心と体の健康に関する意識調査報告書―日本・米国・中国・韓国の比較―（平成30年3月）」より作成）

ボランティア活動に興味がある理由

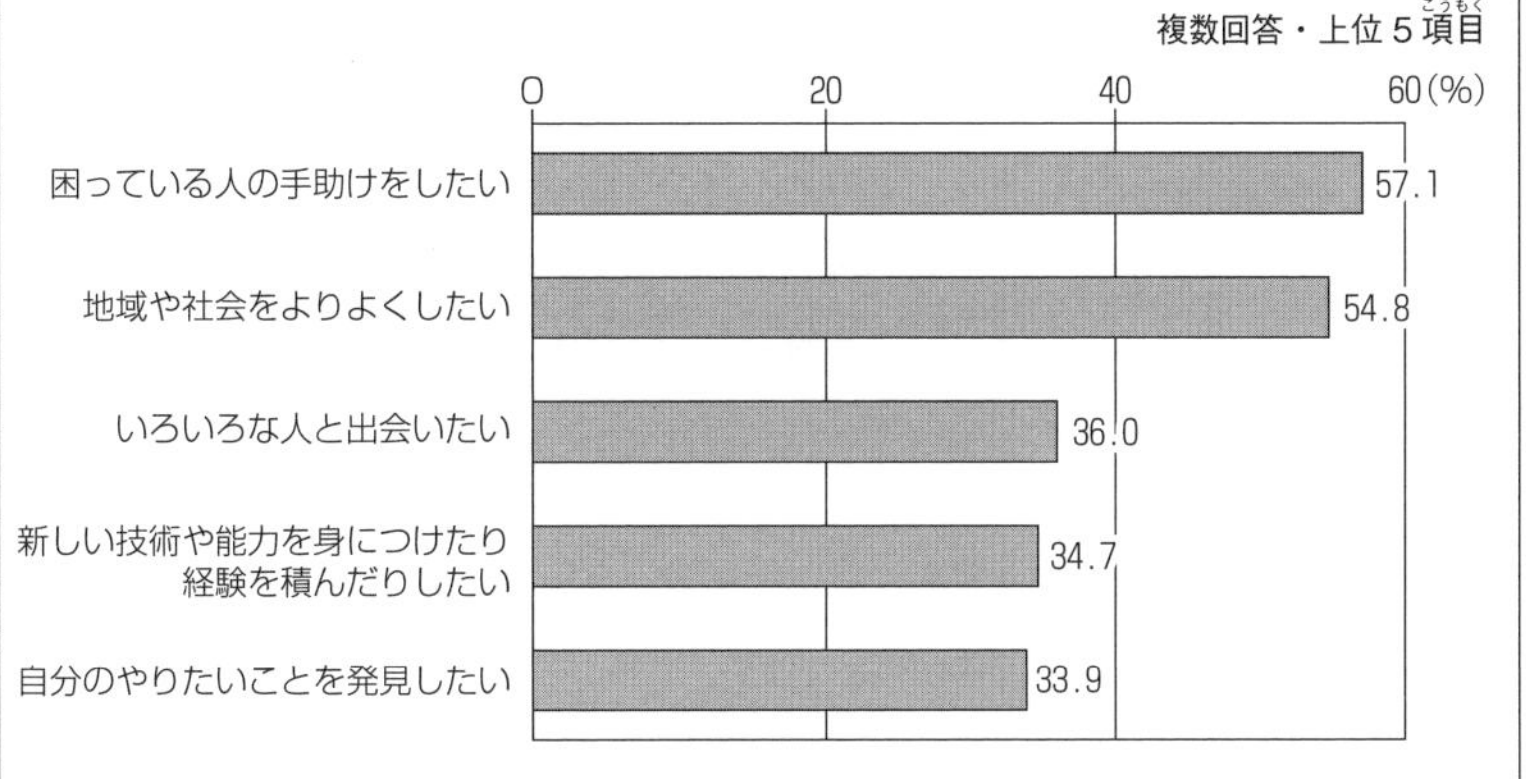
複数回答・上位5項目《こうもく》
0
20
40
60（%）
困っている人の手助けをしたい
57.1
地域や社会をよりよくしたい
54.8
いろいろな人と出会いたい
36.0
新しい技術や能力を身につけたり経験を積んだりしたい
34.7
自分のやりたいことを発見したい
33.9

内閣府『我が国と諸外国の若者の意識に関する調査（平成30年度）』より作成

〈注意事項〉

① 氏名や題名は書かないこと。

② 原稿用紙の適切な使い方にしたがって書くこと。ただし、～～や＝＝などの記号を用いた訂正はしないこと。

③ **【資料】**に記された項目を示すとき、A～Cのアルファベットを用いてもよい。

（令和三年度　千葉県立高校　本検査）

次の**資料**は、日本の満13歳から満29歳を対象にしたある調査で「ボランティア活動に興味がある」と答えた人による回答をまとめたものです。

国語の授業で、この**資料**から読みとったことをもとに「ボランティア活動に期待すること」について、一人一人が自分の考えを文章にまとめることにしました。あとの（注意）に従って、あなたの考えを書きなさい。

（注意）

(1) **二段落構成**とし、第一段落では、あなたが**資料**から読み取った内容を、第二段落では、第一段落の内容に関連させて、自分の体験（見たこと聞いたことなども含む）をふまえてあなたの考えを書くこと。

(2) 文章は、十一行以上、十三行以内で書くこと。

(3) 原稿用紙の正しい使い方に従って、文字、仮名遣《づか》いも正確に書くこと。

(4) 題名・氏名は書かないで、一行目から本文を書くこと。

（令和三年度　埼玉県立高校　一般入試問題）

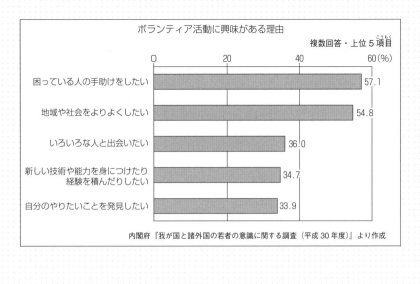

題や短文をもとに書くパターン

推薦入試を受ける人は覚えておこう

- 身近な体験談《たいけんだん》を、文章にできるようにしておこう。
- 何気ないできごとでも、作文の題材になりえる。

一部の学校の推薦入試で出題される、「題」や「短文」をもとに書くパターンについて、知っておきましょう。

体験談や意見を求められる

与えられた題や短文をもとにして、小論文・作文を書くことを求められるパターンです。一部の学校の推薦入試で出されます。実際にどのように出されるか見てみましょう。

> 「チャレンジ（挑戦）精神」という題で、作文を書きなさい。題に関連した、あなた自身のこれまでの具体的な体験を盛り込むこと。また、高校入学後の学校生活についても触れること。（541字以上600字以内）
>
> **（令和二年度　東京都立板橋高校　推薦入試問題）**

> 「軌道修正」という言葉から、あなたが考えることを、あなたの経験や見聞に触れて、500字以上600字以内で書きなさい。
>
> **（令和二年度　東京都立江北高校　推薦入試問題）**

> あなたが「遊び」を通して成長したと思うことを、具体的な経験を踏まえて述べなさい。また、その経験によって得たものを、今後の学校生活にどのように生かしていくのかを述べなさい。（400字以上600字以内）
>
> **（令和二年度　東京都立板橋有徳高校　推薦入試問題）**

このタイプの作文では、600字以内とやや文字数が多くなっていますね。

「時は金なり」ということわざがあります。この言葉を聞いて、あなたは、何を考えますか。具体的な例をあげながら、あなたの考えをまとめなさい。字数は六百字以内でまとめなさい。

（令和二年度　東京都立千歳丘高校　推薦入試問題）

「我々の生活は、その半分は吸収することに費やし、もう半分は、吸収したことを実践していくことだ。」という言葉がある。自分の体験を例に挙げ、この言葉についてのあなたの考えを述べよ。（５４０字以上６００字以内）

（令和二年度　東京都立城東高校　推薦入試問題）

次のことばについて、あなたが感じたり思ったりすることを六百字以内で述べなさい。

「わかりやすさ」の罠（わな）にはまらないようにするためには、やはり私たち社会を構成するひとりひとりが、「知る力」をもっと鍛えなければなりません。（池上彰）

（令和二年度　東京都立西高校　推薦入試問題）

入試作文の採点は「減点法」

求められている「テーマ」をおさえる

- ☑「高得点を取る」＝「減点されない」ということ。
- ☑ミスパターンを知れば、減点を防げる。

うまい作文を書く必要はない

入試では「うまい」作文を書く必要はありません。必要なのは、与えられた条件に沿《そ》って短時間でミスなく完成させることです。

なぜなら、入試における小論文・作文の採点は、加点法ではなく、減点法で行われることが多いからです。つまり、いくらすぐれた言い回しや文学的な美しい表現をしても、「この部分はよく書けているからプラス3点あげよう」ということにはなりません。むしろ、「漢字がまちがっているからマイナス1点」「結論が課題のテーマとずれているからマイナス5点」というように、ミスがあれば確実に減点されます。そのため、「いかにうまい作文を書くか」ということよりも、「いかに減点されない作文を書くか」という姿勢《しせい》で臨《のぞ》んだほうが高得点に近づけます。ポイントは次の3点です。

減点されないためのポイントを知ることが、
高得点を取るための第一歩となります。

減点されないためのポイント

1. 時間内に書き切る
2. 文字や原稿用紙の使い方などのミスによる減点をなくす
3. 求められているテーマに沿って書く

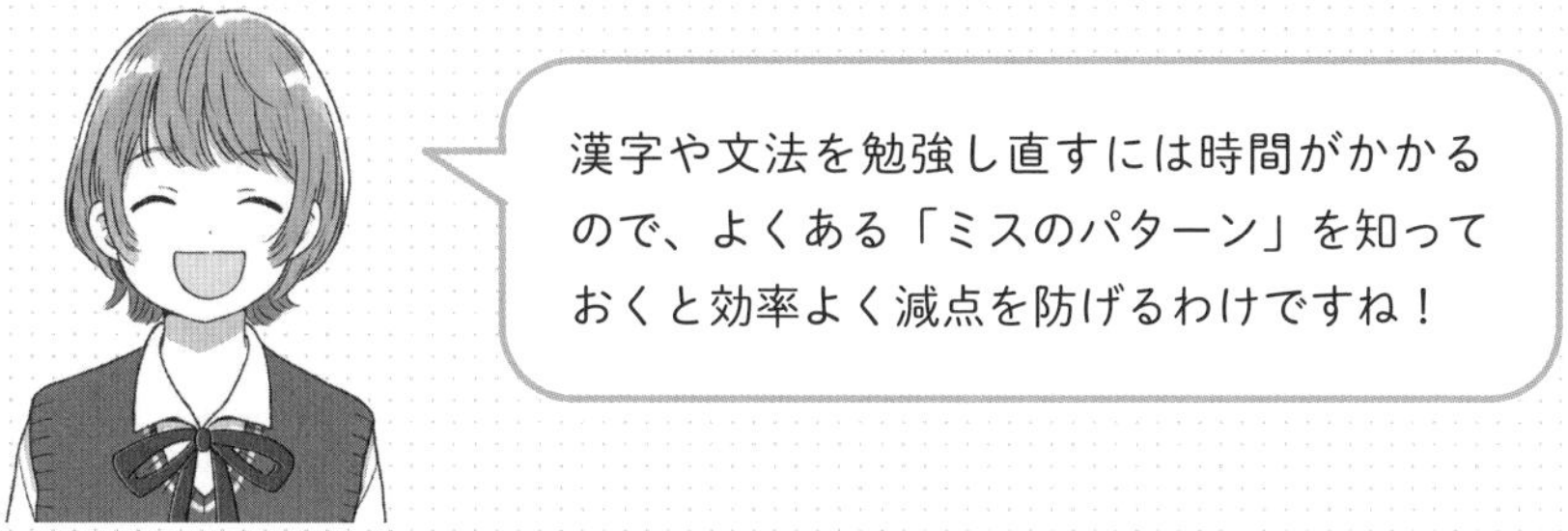
漢字や文法を勉強し直すには時間がかかるので、よくある「ミスのパターン」を知っておくと効率よく減点を防げるわけですね！

大前提《だいぜんてい》は❶の「**時間内に書き切る**」ことです。制限字数の9割は書く必要があり、9割よりも字数が少ないと0点ということもありえます。もちろん制限字数を超《こ》えてしまうのはアウトです。必ず制限字数内におさめてください。**完成度が低くても、制限字数の9割は書いて文章を完結させること**。それが入試小論文・作文の大前提です。

❷の「**ミスによる減点をなくす**」にはどうすればいいでしょうか。何回も作文を書いて学校の先生や塾《じゅく》の講師《こうし》に添削《てんさく》をしてもらう必要があるのでしょうか。

それよりも先に「**ありがちなミスのパターン**」を知っておくほうが**効率《こうりつ》のよい取り組みができます**。多くの人たちがやってしまうミスは、だいたい決まっています。「ありがちなミスのパターン」（40～53ページ参照）を知っておけば、短期間で減点を回避《かいひ》できるようになります。

❸の「**求められているテーマに沿って書く**」についてはどうでしょうか。これはそれほど難しいことではないように思えるかもしれませんね。でも、これができていないために減点されるケースがとても多いのです。

誤字・脱字や日本語の使い方のミスであれば1点のマイナスですみますが、求められている**テーマからずれた作文は大きく減点**、最悪0点ということもありえます。つまり、**小論文・作文を書くうえでいちばん気をつけなければならないのが「求められているテーマに沿って書く」**ことなのです。

テーマに沿って書く

「何が求められているのか」を考える

☑出題者の意図《いと》を考えてみよう。

☑原稿用《げんこうよう》紙欄《しらん》にいきなり書き始めるのはNG。

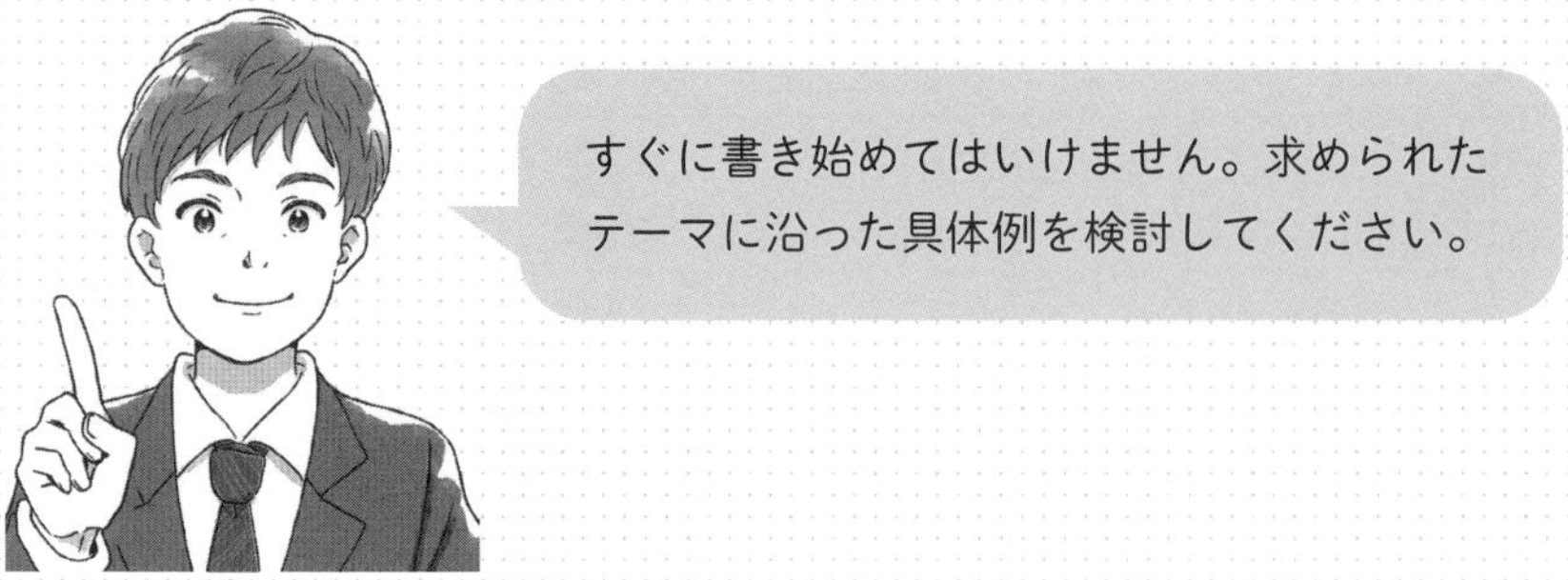
すぐに書き始めてはいけません。求められたテーマに沿った具体例を検討してください。

求められているテーマに沿って書く

小論文・作文を書くうえでいちばん気をつけたいことは「求められているテーマに沿って書く」ことです。これができているかどうかで、得点が大きく変わってきます。

受験生が入試小論文・作文に取り組む様子を見ていると、開始早々に解答用紙の原稿用紙欄に書き始める人がいます。このような人は要注意。求められているテーマからずれた、ひとりよがりな文章を書いてしまいがちです。

まずすべきは、課題文作文では文章のテーマは何なのか、表やグラフであれば資料が伝えたいことは何なのかを読み取ることです。出された題に対して書くタイプの推薦入試作文でも同じです。その題によって、受験生に何を求めているのか、それを読み取ることを意識しましょう。読み取りの具体的な方法は24ページ以降で説明します。

テーマを読み取ることができたら、次はそのテーマに合った文章を書くための下準備です。そのテーマに対してどんな意見を述べるのか。ここで、最初に頭に浮かんだことを原稿用紙欄にいきなり書き始めてはいけません。その意見はとりあえずメモとして、問題用紙の余白や裏面に書いておきましょう。もうすこし考えて2つ、3つ意見を出し、これもメモします。

その次に、メモした意見のうち、どれがいちばん具体的な例を出しやすいかを検討《けんとう》しま

書き終えてからテーマとずれていることに気づいても手遅れ。そうならないように、書き出す前にメモを取って、内容を検討したほうがいいんですね。

す。頭の中だけで行うのではなく、紙に書いた内容を見ながら検討しましょう。そうすることで、客観的な検討が可能になります。時間制限があるのでメモを省略したいという気持ちもわかりますが、意見と具体例のメモに時間をあてることが、逆に小論文・作文を仕上げる時間の短縮《たんしゅく》につながります。それだけでなく、完成度を高めることもできるのです。

具体例は自分の意見の根拠《こんきょ》になる

なぜそこまでして具体例を出しやすい意見を検討する必要があるのでしょうか。それは、**自分の意見の根拠となる具体例をうまく挙げることができるかどうか**が、「求められているテーマに沿った小論文・作文」を書けるかどうかに大きくかかわるからです。

受験生の書いたものを見ていると、具体例が「浮いて」いて、主張とずれてしまっていることが多いのです。そうなると、採点者に課題の意図を正しく読み取れていないとみなされ、大きく減点されてしまいます。そうならないためにも、**求められているテーマはどんなことで、それに対する自分の考えはどうなのか、その根拠となる具体例としてどんなことを挙げるのか**、それを慎重《しんちょう》に検討する必要があるのです。

「型」を使って書く

「型」を覚えれば、こわいものなし

☑「型」を使うことが、最高の攻略法《こうりゃくほう》。
☑練習を重ねると「持ちネタ」が増えて、書くスピードがアップ。

「型」を使うことで、短時間で高得点を取れる小論文・作文を書けるようになります。

「型」を使えばカンタンに書ける

難しそうに思える入試小論文・作文も、コツをつかんですこし練習すれば、簡単に書けるようになります。そのコツとはズバリ、決まった「型」にあてはめて書くことです。それによって高速で高得点の小論文・作文を量産できるようになります。

入試小論文・作文はわずかな時間内に完成させることが求められます。したがって、内容が浅くても、意見が強引であっても、とにかく時間内に書き上げなければ点数がもらえません。じっくりと内容を考える時間も、表現を工夫する時間もないのです。

したがって、あらかじめ決まった「型」どおりに書き進め、仕上げることを最優先にして臨むのが入試合格のコツです。そのための「型」を覚えて使えるようになれば、どんなパターンの作文が課されても大丈夫。「型」を使いこなせるようにしておきましょう。

「型」を使って小論文・作文を書く利点《りてん》は3つあります。

「型」を使うのは難しいことではなさそうですね。ぜひやってみます。

「型」を使って小論文・作文を書く利点

❶ しっかりとした文章構成にしやすく、高得点につなげやすい
❷ 何をどう書けばいいのかが明確なので、書く時間を短縮できる
❸ 練習を重ねるほど、使い回しのきく「持ちネタ」が増えるため、書く時間をさらに短縮できる

「型」を使って小論文・作文を書くメリットは大きく、使わない手はありません。この「型」のスゴいところは、使いこなせるようになると、スピーチや国語の論説文読解も得意になることです。なぜなら、スピーチで話す内容や順序《じゅんじょ》、論説文の書き方も基本的には入試小論文・作文と同じだからです。ぜひ、「型」を使いこなせるようになってください。

「型」を使いこなせるように練習する、これが入試小論文・作文の最高の攻略法といえます。具体的な「型」の使い方は、32～39ページで解説しています。

課題文をもとに書く場合

「筆者の言いたいことは何か」を読み取る！

☑作文の内容がテーマからずれていないかを確認しよう。
☑筆者の主張を理解していることをアピールしよう。

まず筆者の主張を読み取る

課題文をもとに書く小論文・作文の場合、まず、筆者が読者にいちばん伝えたいことは何なのかを読み取ることが重要です。多くの場合、筆者がいちばん伝えたいことは最後の段落にまとめて書かれているのです。そのため、最後の段落はとくにじっくり読んで、「結局のところ、筆者は何を言いたかったのか」を読み取りましょう。それこそが求められているテーマなのです。

さて、「筆者が伝えたかったこと」が明らかになったら、次はそれをきちんと読み取っているということを、採点者に伝える必要があります。それには、作文の書き出しで、読み取ったことを、

「筆者はこの文章で、●●については●●だと述べているが……」

のようにハッキリ書きましょう。これで、課題文を読み取れていることを採点者に伝えられます。

次に気をつけなければならないのが、書き出しは「求められているテーマ」に沿っているのに、書き進めるうちにテーマからずれてしまうことです。このようなケースにおちいっている人がとても多いので要注意です。

課題文の最終段落に書かれている筆者の意見に線を引きましょう。そこが筆者のいちばん伝えたいことです。その内容を中心に作文を書けばテーマをはずすことはありません。

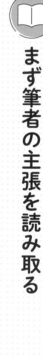

たとえば、「自分の意見をはっきり主張しない日本人」について書かれた課題文があったとします。書き出しは、

「筆者はこの文章で、日本人は意見をはっきり言わないので誤解《ごかい》を招くことが多いと述べているが、私もそのとおりだと考える」

で、テーマに合っています。ところが具体例を挙げる段落では、つぎのようになっています。

「先日、学校行事についての意見を友人からSNSで聞かれました。そこで私は『それでいいんじゃない』という返答をしたことで、その友人を怒らせてしまったのです。友人にとって私のその返答はいい加減なものに思えたようです。私としてはいろいろ考えたうえでの返答だったのですが、そのようには伝わらず、誤解を招いてしまいました。やはり大事なことは、会ってきちんと伝えるべきだと思いました。」

テーマからずれた結論になっていることに気づいたでしょうか。テーマからずれている点は2つあります。ひとつは、「日本人の特性」がテーマであるのにもかかわらず、書いた人のごく個人的な話になってしまっていること。具体例は、個人的な日常のできごとでもいいのですが、それを結論で「日本人なら似たような経験はだれしもあるはずです。これから日本人は国際社会で誤解を受けないように、意見をはっきり言えるようになる必要があります」というように**一般化して広げる**ことで、テーマに合った結論にできます。

もうひとつのずれは、「はっきり主張すべきか否《いな》か」の二択《にたく》が、「SNSで伝えるか、会って直接伝えるか」の二択にすりかわっているところです。これも、**書き出しの一文と照らし合わせる**ことで、確かめることができます。テーマからずれていないか、必ず確認しましょう。

表・グラフをもとに書く場合

最も目立つ特徴を見つける

- まずは出題条件をしっかり確認しよう。
- 表やグラフの「共通点」と「相違点《そうい》」に着目！

この資料を見て、「社会貢献」についてのあなたの考えを〈条件〉(A)～(D)に従って書きなさい。

資料

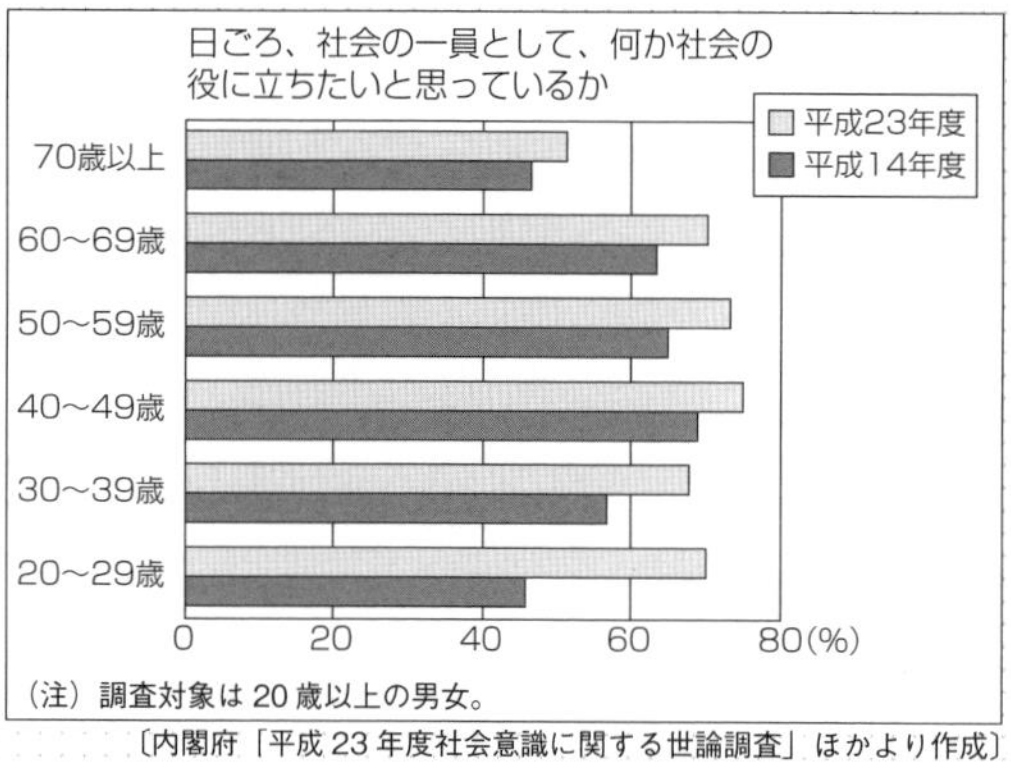

日ごろ、社会の一員として、何か社会の役に立ちたいと思っているか
平成23年度
平成14年度
70歳以上
60～69歳
50～59歳
40～49歳
30～39歳
20～29歳
0
20
40
60
80(%)
(注) 調査対象は20歳以上の男女。

〔内閣府「平成23年度社会意識に関する世論調査」ほかより作成〕

（平成二十五年度　徳島県立高校　一般入試問題・改題）

条件を確認する

与えられた表やグラフをもとに書く小論文・作文の場合、「求められているテーマ」で書くにはどうすればいいのでしょうか。それにはまず、出されている条件をよく確認することです。条件に沿って書かないと大幅《おおはば》に減点されてしまいます。

〈条件〉

(A) 題名などは書かないで、本文を一行目から書き始めること。

(B) 二段落構成とし、前の段落では、**資料**から読み取ったことについて書き、後の段落では、それを踏まえて「社会貢献《こうけん》」についてのあなたの考えを書くこと。

(C) 全体が筋《すじ》の通った文章になるようにすること。

(D) 漢字を適切《てきせつ》に使い、原稿用紙の正しい使い方に従って、十～十三行の範囲《はんい》におさめること。

これらのうち、とくに注目したいのは(B)の条件です。**第一段落では「資料から読み取ったこと」**、**第二段落では『社会貢献』についての考え」**を書くということです。

第一段落で書くべきなのは、**グラフから読み取れる最も目立つ特徴は何か**ということとなります。グラフ読み取りのポイントは次の点に注目しましょう。

❶ **最も目立って共通している点**
❷ **最も目立ってちがっている点**
❸ **最も多い割合や数値《すうち》**
❹ **最も大きく変化している時期や区分《くぶん》**

共通点は、すべての年齢層《ねんれいそう》で「社会の役に立ちたい」と思っている人が増えているという点です。それではちがっている点はどこでしょう。平成14年度と23年度をくらべたときに、**20歳から29歳の層がほかの年齢層にくらべて差が大きい**ですよね。この「共通している点」と「ちがっている点」の2つが、グラフから読み取れる目立った特徴といえます。それ以外にもいくつか特徴を見つけることはできますが、大事なのは**最も目立つ「共通している点」と「ちがっている点」に注目すること**です。それ以外は無視します。

第二段落では条件に『「社会貢献」についてのあなたの考えを書くこと』とあります。したがって、自分の考えを**具体例を交えて**書くのがポイントです。

《作文例》

資料から、すべての年齢層で「社会の役に立ちたい」と思っている人が増えていることが読み取れる。とくに二十歳から二十九歳の層が約四十五パーセントから約七十パーセントと、ほかの年齢層にくらべて増加幅が大きい。

年齢が高い層は社会貢献への意識の変化があまり見られないのは残念だが、とくに若い層ほど社会貢献への意識が高くなっているのはとてもよいことだ。先日、私はゴミ拾いのボランティア活動をした。これからも自分ができる社会貢献を考え、行動していきたい。

題や短文をもとに書く場合

小論文・作文の「始め」と「終わり」を一致させる

- ☑いい作文を書こう！　と気負わず平常心《へいじょうしん》で。
- ☑単語や言葉をおきかえるテクニックも身につけたい。

推薦入試作文は書く内容の自由度が高いのですが、それだけに内容が分散《ぶんさん》しがちです。書き出しの内容と結論を一致《いっち》させるのがコツです。

題をもとに書く場合

「木」、「窓」、「波」、「靴《くつ》」というような単語をもとに書かせるタイプの小論文・作文は、課題文や表・グラフをもとに書く小論文・作文よりも、書く内容の自由度が高くなります。このタイプの作文は推薦入試で出されます。

推薦入試では、一般入試のように国語の問題中に組み込まれるのではなく、小論文・作文だけを50〜60分程度で書かせるという、独立した選考《せんこう》科目となっています。

一般入試の小論文・作文では、内容よりも日本語や原稿用紙の使い方にミスがないかが得点に大きくかかわりますが、推薦入試の小論文・作文では、書かれている内容も重視されます。制限文字数も一般入試よりもずっと多く、６００字程度のところが多いので、たくさん書こうと意気込むと、失敗します。書いているうちに、何が意見の中心なのかがわからなくなり、求められているテーマからずれてしまいがちです。

それでは、どんなことに気をつければいいのでしょうか。それは、**書き出しの内容と結論を一致させること**です。それさえできていれば、途中《とちゅう》の内容はむしろテーマから発《はっ》展《てん》させて一見かかわりがないと思われるくらいのほうが、いい作文になります。

「題」をもとに書く場合のポイント

「木」、「窓」、「波」、「靴」のような具体的なモノが題とされている場合

「具体的なモノ」から連想《れんそう》できる抽象《ちゅうしょう》語（実体をもたないイメージを表す言葉）におきかえます。

（例）

- **「木」⇒「成長」「ぬくもり」**
- **「窓」⇒「社会・世の中への意識、関心」「他者とのコミュニケーション」**
- **「波」⇒「好調、不調」「運気」**
- **「靴」⇒「行動力」「一歩を踏み出す勇気」**

「中学校生活で力を入れて取り組んだこと」、「高校生活で力を入れて取り組みたいこと」、「将来の夢」のような題が出される場合

学校は作文を通じてあなたがどのような人物かを直球《ちょっきゅう》で聞いています。あなたの意見を述べ、その理由を具体例を挙げて書きましょう。その具体例にあなたらしさが表れます。

（例）

「中学校生活で力を入れて取り組んだこと」→3年間サッカー部の部員として力を尽くした

「高校生活で力を入れて取り組みたいこと」→英語を勉強し、海外でのホームステイを経験したい

「将来の夢」→父のように博学《はくがく》になり、出版社で編集《へんしゅう》の仕事に携《たずさ》わりたい

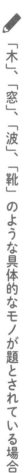

短文をもとに書く場合

「石の上にも三年」といったことわざや「才能が一つ多い方が、才能が一つ少ないよりも危険である」といった格言などの短文をもとに書かせるタイプの小論文・作文も出題されやすいです。このタイプで示される短文は「教訓」（行動の参考になるような有益な教え）や「真理」（正しいと認められる本当のこと）を伝えるものです。短文からとらえた「教訓」や「真理」について自分の考えを述べることが求められています。文になっているので、単語をもとに書くタイプよりも、書く内容の自由度は低くなります。その意味では、課題文をもとに書くタイプの小論文・作文に似ています。

このタイプの小論文・作文も、推薦入試でよく出され、多くの場合、600字程度の字数を指定されます。テーマからずれることなく自分の意見を伝えるためには、構成の工夫が必要です。

まずは短文の「解釈」を示しましょう。「解釈」というのは、読み手の側からかみくだいて理解することです。「この短文が伝えようとしているのは～ということだ」というように、**自分が理解した「教訓」や「真理」を先に説明します。そこから自分の意見を展開する**ことで、テーマからずれることなく書きやすくなるでしょう。

このタイプの短文は、抽象的な言い回しや比喩表現（たとえ）が含まれます。そのため、人によって「解釈」は異なります。与えられた短文に対して、あなたなりの「解釈」でオリジナリティを出せると、採点者の印象に残る小論文・作文になります。一方で、短文の「解釈」が他の人でも示せそうなものでも、短文が伝えようとする「教訓」や「真理」に対する自分の意見や理由、具体例でオリジナリティを出すことができます。

短文をもとに書く場合のポイント

比喩表現が含まれている場合

比喩に使われている「想像しやすい身近なモノ」をおきかえて「教訓」や「真理」を導きます。

(例)
・「凧《たこ》が一番高く上がるのは、風に向かっているときである。風に流されているときではない。」
⇓「人が最も大きく成長できるのは、逆境にいるときであって、順調なときではない。」

逆説表現が含まれている場合

「逆説」とは、真理(結論)と反対なことを述べているようで、よく考えると一種の真理(結論と同じこと)を言い表していることです。たとえば、「負けるが勝ち」や「急がば回れ」などです。「負け・勝ち」「急ぐ・遠回りする」は、いずれも反対のことですから、一見すると成り立ちません。

しかし、ほり下げて考えてみましょう。「場合によっては争わないで相手に勝ちをゆずったほうが、自分にとって有利な結果になり、自分の勝ちにつながる」「急いでいるからこそ、安全に遠回りしたほうがよい」というように、両立するような説明が可能です。これに裏付けとなるような具体例や実体験を示すことで、説《せっ》得《とく》力が加わります。

(例)
・「一番忙しい人間が一番たくさんの時間をもつ。」
⇓「忙しい人は多くのやりたいことに取り組んでいるため、充実した時間を多くもっている。」

型❶

「賛成《さんせい》」を宣言する

最強の「型」は黄金《おうごん》の4ステップからなる

☑「型」を使った作文の書き方を覚えよう。

☑「型」は〝黄金の4ステップ〟で構成されている。

それではいよいよ「型」を使った小論文・作文の具体的な書き方を紹介《しょうかい》しましょう。

「賛成」の立場から書く【文章量↓全体の約2割】

まず文章の書き出しで、自分の意見をはっきり述べます。**与えられた課題文における筆者の意見、表やグラフの内容に賛成であることを宣言します。**なぜ反対ではなく、賛成の立場で書くのでしょうか。それは、そのほうが簡単だからです。反対するには筆者以上に説得《せっとく》力のある意見を述べる必要があります。そしてかりにそれができても加点されるわけではないので、メリットがありません。そのため、賛成の立場で書きましょう。

文章の書き出し、第一段落は次のような「型」で書き始めます。

「最強の型」の黄金の4ステップ「型❶」の書き始め

「筆者の〜という意見に私も賛成である。」

「この文章で筆者は〜と述べているが、私もそう考える。」

「この表では〜ということが示されているが、私も実感することがある。」

最初の段落から意見を述べてください。これがないとただの「感想文」となってしまいます。はっきり「賛成」だということを宣言しましょう。そうすることであなたの意見が書かれた「小論文」になるのです。

≪ 型①の作文例　課題文をもとに書く場合の例

この文章で筆者は①相手に主張をすることの大切さを述べているが、②私もそう考える。

① 筆者の中心となっている主張を挙げよう。それがズレると、このあと書くことがどんなによくても点が低くなってしまう。「きちんと筆者の主張を読み取れていますよ」というアピールをしよう！

② 「賛成である」と述べてもよいし、例のようにしてもよい。シンプルに短く言い切ろう！

≪ 型①の作文例　表やグラフをもとに書く場合の例

この表では③小学生にくらべて中学生の読書時間が減っているということが示されているが、④私も実感することがある。

③ グラフが最もはっきりと示していることを挙げよう！

④ グラフが示していることに対して「たしかにそのとおりだと思う」というように、肯定《こうてい》の立場であることを宣言しよう！

型❷

「たしかに～しかし」にあてはめる

「意見」と「理由」は必ずセット

- ☑ 意見を述べたあとに、理由を述べよう。
- ☑ 反対意見を挙げることで、説得力のある文章になる。

「たしかに～しかし」で始める【文章量↓全体の約3割】

一文めで筆者の意見に賛成であることを宣言したら、二文めではその理由を述べましょう。意見を述べたら、そのあとに理由を書くことを忘れないでください。**意見と理由はセットにする、これが入試小論文・作文で高得点を取るのに必要なことです。**

ただ、いきなり理由を述べるまえに、あえてそのあとで述べる主張とは反対の意見を先に書くのがコツです。「たしかに」と書き出してから予想される反対意見を書きましょう。そのあとに「しかし」と書き、一文めで賛成を宣言した理由を述べます。「たしかに～しかし」構文にあてはめることで、説得力のある言い回しになります。

自分の意見と反対の意見をあえて「たしかに」につなげて書きましょう。そのあとに「しかし」につなげて自分の意見を書くと、説得力が一気に増しますよ。

「最強の型」の黄金の4ステップ　「型❷」の書き始め

- 「たしかに～は～だ。しかし～は～だ。」
- 「たしかに～という面もある。しかし～という面はより重要だと考える。」
- 「たしかに～という意見もあるだろう。しかし～は～することでより大きなマイナスにつながる可能性が大きいと考える。」

① 「たしかに」につなげてあとで述べる意見の反対意見を書こう。

« 型②の作文例　課題文をもとに書く場合の例

①たしかに相手の気持ちを考えたうえで慎重に発言することは大切だ。②しかし、慎重になるあまり、自分の伝えるべきことをしっかり伝えられないことのマイナス面も考えるべきだ。

« 型②の作文例　表やグラフをもとに書く場合の例

①たしかに学校の「朝読書の時間」などの取り組みで読書をする機会は増えている。②しかし、グラフを見ると、読書をする人は年々減っていることがわかる。

② 「しかし」につなげて自分の意見を述べよう。次の段落の具体例につながるような内容を考えて書ければさらにGOOD！

型❸
「たとえば」から具体例を書く

具体例を書いて主張の根拠を示す

- ☑ 日常生活のなかから体験談を探してみよう。
- ☑ ニュースや友人から聞いた話などを使ってもOK。

「たとえば」や「先日」で始める【文章量→全体の約3割】

第二段落は「たとえば」という書き出しで具体例を書きます。「たとえば、先日」「たとえば、以前」などのように具体例を挙げることで、第一段落で述べた意見が正しいといえる根拠を示すのです。「先日」よりも「以前」や「最近」という言葉のほうが事実に合っているかもしれませんが、大きな意味にちがいがない「先日」を使ったほうが、漢字の画数が少ないので時間短縮になります。また、個人的な体験談を具体例として挙げる場合、「たとえば」を省いて「先日」から具体例を書き始めてもよいでしょう。

練習しているうちに、具体例の持ちネタが何パターンかできてきます。そうなったら、ほとんど迷わずに書けるようになります。

「最強の型」の黄金の4ステップ「型❸」の書き始め

❶ 部活動や学校行事でのできごとなど、できるだけ日常的な体験談を挙げる
❷ ふさわしい実体験がなければ友人の話や本、ニュースの内容を挙げてもよい
❸ 結論につなげやすい例にし、テーマとずれないようにする

✏「たとえば、部活動をしていたときに、～ということがあった。」
✏「先日、ニュースで～ということが報じられていた。」

① 「たとえば、先日」という書き出しで具体例を挙げよう。

型③の作文例　課題文をもとに書く場合の例

①たとえば、先日、②ニュースでアマゾンの熱帯雨林消失について報じられていたのを見た。遠い国での環境破壊だが、地球規模で影響が深刻になりつつあるらしく、地球の将来が本気で心配になった。

② 「環境《かんきょう》問題」は入試頻出《ひんしゅつ》のテーマだけど、具体例として実体験が挙げにくい。上記のようにニュースなどで見たことを具体例として挙げるといいよ。

③ いわゆる「部活動ネタ」は、書くテーマが多少ちがってもすこしアレンジをくわえるだけで使い回しができるよ。使い勝《がっ》手《て》のいい具体例として何パターンか用意しておこう。

型③の作文例　表やグラフをもとに書く場合の例

①先日、③中学校のサッカー部の試合で、選手間でのコミュニケーションの失敗から負けてしまったことがあった。私もほかのメンバーもコミュニケーションの大切さをわかっていなかったのだ。

型④

「このように」からまとめを書く

まとめを書くことで「意見」「具体例」「意見」という流れに

- ☑最後に「このように」から意見のまとめを書こう。
- ☑主張の根拠になるように、具体例をつなげよう。

具体例を挙げたら、それを第一段落で述べた意見につなげるための「まとめ」を書きます。個人的な体験談などの具体例を、一般化するのです。

最後のまとめは「このように」で始める【文章量→全体の約2割】

具体例のあとに、「このように」という書き出しでまとめを書きます。先に挙げた具体例を一般化し、第一段落で述べた意見に話を戻します。

「最強の型」の黄金の4ステップ 「型❹」の書き始め

❶書くべき小論文・作文のテーマを再確認し、テーマに合うようにまとめる
❷挙げた具体例から得られた結論は、第一段落で主張した意見の根拠になることを伝える（具体例の一般化）

「このように、～ということは、～にもいえることだ。」
「このように、～については、～だということができる。」
「このような体験は、～ということにもあてはまるはずだ。」

第二段落前半の「具体例」を、第一段落の「意見」と最後のまとめの「意見」でサンドイッチにします。これで構成のしっかりした、完成度の高い小論文・作文になります。

《型④の作文例　課題文をもとに書く場合の例

①このような環境破壊は世界の各地で進んでいる。②まずは環境への問題意識をもち、日常のささいなことから、今の私にできることを始めていきたい。

《型④の作文例　表やグラフをもとに書く場合の例

①このように、コミュニケーションは私たちにとって、なくてはならない大切なものだ。②便利な現代社会だからこそ、じっくり人に向き合って人間関係を育てていきたい。

① 具体例は、それだけでは第一段落で述べた意見の根拠にならないよ。意見の根拠にするには、下のように「このように」という書き出しを使って、具体例を一般化することが必要だよ。

② 体験談は、それだけだと、たまたま体験した個人的なできごとにすぎないよ。体験談から話を広げ、文章のはじめに述べた意見につなげてね。

文字に関する減点を防ぐ①

簡単な「ひらがな」にも注意が必要

- ☑「ひらがな」もあなどらず、濃く、大きく、ていねいに。
- ☑句読点を打つマスの位置にも注意。

ひらがなこそ要注意！

制限時間内に書き切ろうとあせるあまり、かたちを崩して書いてしまいがちなひらがな。意外に減点対象となることが多いので要注意です。**次に挙げるのはとくにかたちが崩れやすいひらがなです。**あらためてかたちを確認しましょう。句読点などは位置に注意。また、消しゴムできちんと消し切れていない状態で書き直したり、消しすぎたりすると、かたちが崩れます。書いた後に見直すようにしましょう。

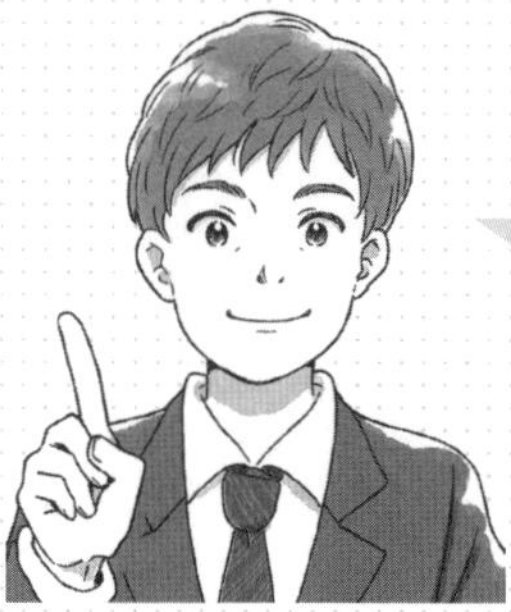

誤字・脱字や漢字のミスはみんな気をつけます。でも、じつは意外と減点対象となっているのがひらがな。雑に書いて減点されないよう、かたちに気をつけてください。

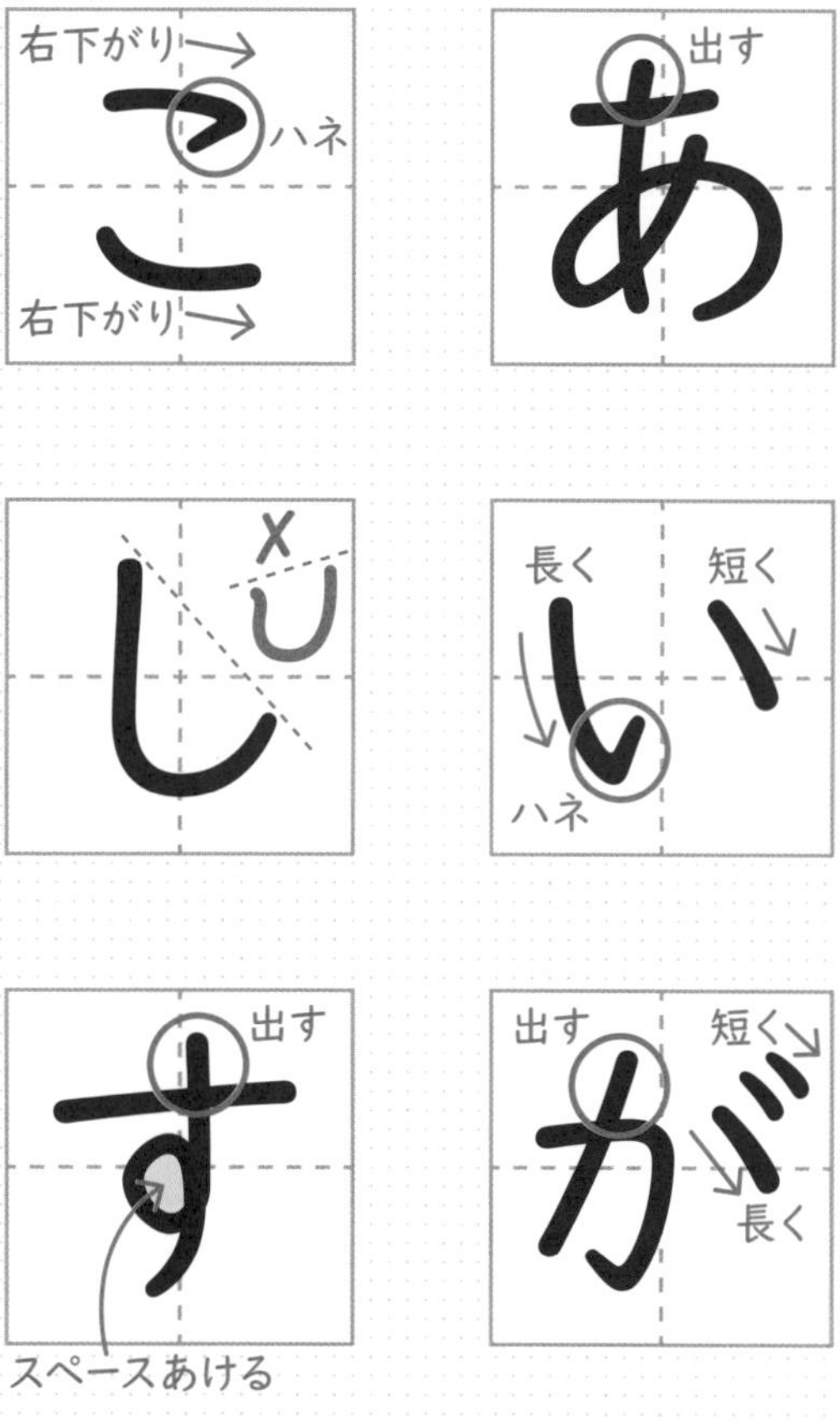

あ
出す
い
長く
短く
ハネ
が
出す
短く
長く
く
こ
右下がり
ハネ
右下がり
し
す
出す
スペースあける
そ

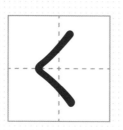

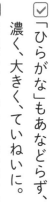

STEP 1

高得点を取るためのルール

基本③ ありがちなミスパターンを知る

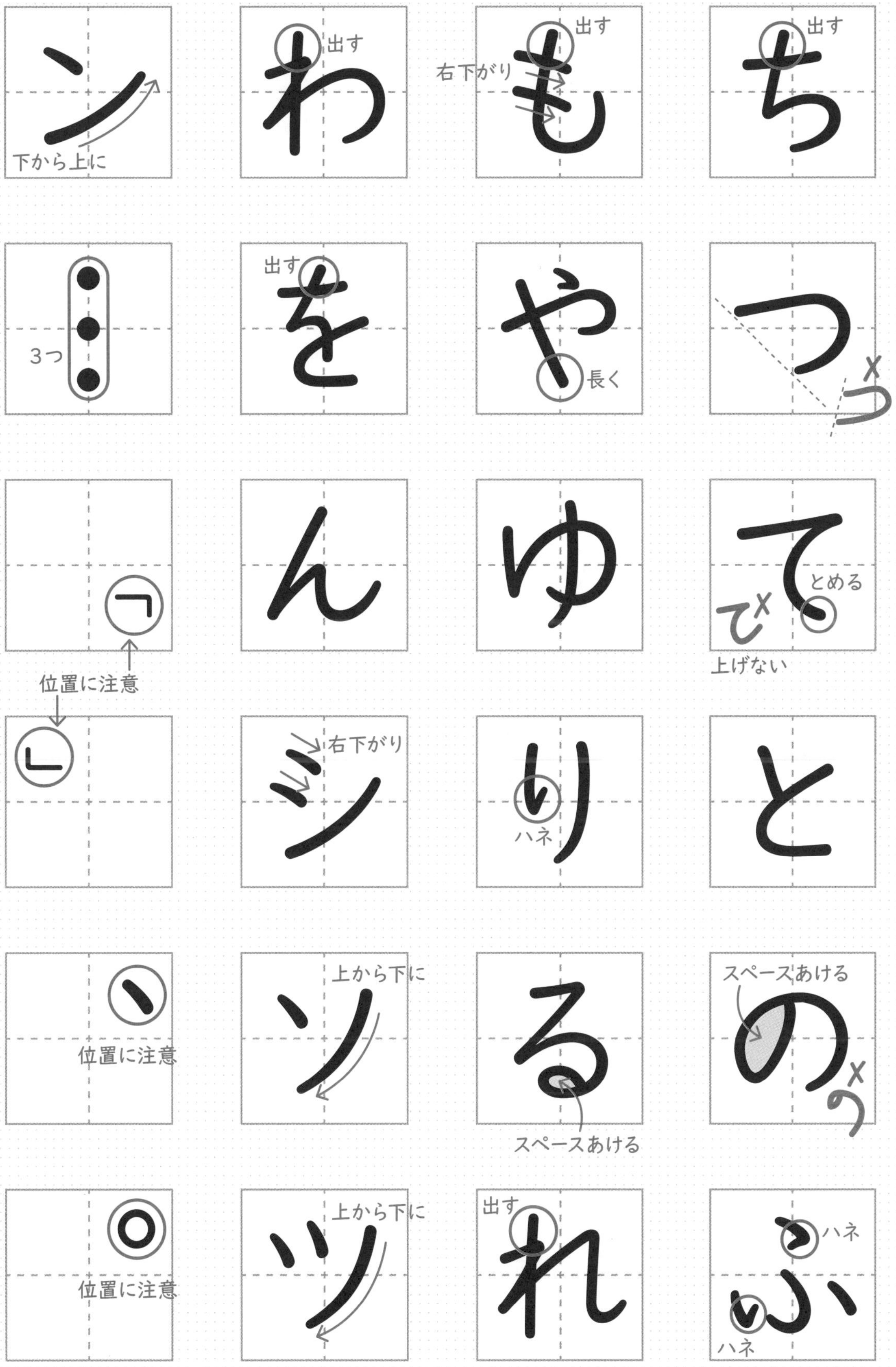

下から上に
出す
右下がり
出す
出す
3つ
出す
長く
位置に注意
とめる
上げない
右下がり
ハネ
位置に注意
上から下に
スペースあける
スペースあける
位置に注意
上から下に
出す
ハネ
ハネ

文字に関する減点を防ぐ②

漢字や送りがなの復習も大切

- まちがいやすい漢字や送りがなを確認しておこう。
- 同音異義語《どうおんいぎご》・同訓異字《どうくんいじ》の使い分けもしっかりと。

よくある漢字のまちがいパターン

受験生がまちがえる漢字はだいたい決まっています。次に挙げる漢字はまちがえる人がとくに多いので要注意です。

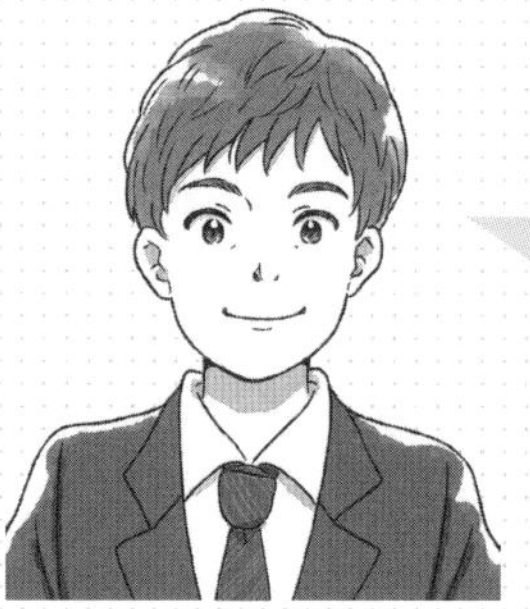

漢字のミスが多いから漢字の練習をしなくては！　……と思って漢字練習帳を広げるまえに、ありがちな漢字のミスパターンを知っておきましょう。
例として挙げた漢字以外にも、「間」「問」などは、略字を書かないように要注意。

友達

「達」の漢字の6画めから8画めの横棒《よこぼう》は2本ではなく3本です。そもそも、「友人」と書くほうが、「友達」と書くより書く時間を短縮できます。

完璧

「完璧」の「璧」の字を「壁」にしてしまう人が多いのです。下の部分は「土」ではなく「玉」です。カンペキに「完璧」の字を書けるようにしておきましょう。

価値観

「価値《かち》をどのように感じるか」という意味から「価値感」と書いてしまいがちですが、正しくは「価値観」です。小論文・作文でよく使う言葉なので要注意です。

成績

「成績《せいせき》」の「績」を「積」にしないように要注意。努力の「積」み重ねで成績がつけられるので「成積」のイメージがあるかもしれません。これは、大人でも誤りやすい漢字です。

複雑

「複雑《ふくざつ》」の「複」を「衤（ころもへん）」でなく「ネ（しめすへん）」にするミスが多いです。「しめすへんに点をひとつくわえて複雑なかたちにする」と覚えましょう。

専門

「専門」の「専」の右上には点をつけません。ただし「博物館《はくぶつかん》」「薄い」「簿記《ぼき》」など、「専」がほかのパーツといっしょに出てきたときは右上に点がつくので覚えておきましょう。「門」も「問」にしないように要注意。

券

「券」の下の部分を「刀」でなく、「力」にしてしまう人が多いです。「券＝チケット」は「力」で切るのではなく「刀」で切る、と覚えましょう。

不可欠

「欠かすことができない」という意味なので「不可欠」が正しい漢字です。「不可決」は誤りです。これも小論文・作文でよく使われる漢字です。急いで書いてまちがえないようにしてください。

迎

「卯」のように縦《たて》を1本多く書くミスが目立ちます。

落

「氵（さんずい）」が「艹（くさかんむり）」にもかかってしまうのは誤りです。「くさかんむり」の下に「さんずい」が入ります。

展

7画めと8画めのあいだによけいな「ノ」を入れてしまうミスが多く見られます。

祝・祈

神社《じんじゃ》の「社」のように、「神様」に関する漢字は「ネ（しめすへん）」です。「衤（ころもへん）」にしないように要注意。

裕

衤（ころもへん）は衣服に関連《かんれん》します。「衤（ころもへん）」と「ネ（しめすへん）」、どちらをつければいいか迷いがちな「裕」の字は、『裕《ゆう》福《ふく》』だから『裕』『服』で、衤（ころもへん）がつく」と覚えるといいでしょう。

劇

3画めは内側にはねるのが正しいかたちです。「劇的」という漢字を「激的」と書き誤るミスも多いので、注意してください。

備

「用」の部分を「冊」にしてしまうミスが多く見られます。

髪

左上の部分を「長」にしないように気をつけてください。

緑

右下の部分を「水」にすると誤りです。逆に「線」の字の右下は「水」が正しい字です。

恵

右上に点は不要です。点をつけると減点されます。

寒

下の2つの点の向きが逆にならないように注意してください。

まちがえやすい同音異義語・同訓異字を紹介します。使い分けを知っていても、急いでついまちがえないように要注意です。

まちがえやすい同音異義語・同訓異字

以外／意外

以外…それを除いた他のもの。

例 国語以外の宿題は終わっている。

意外…予想もしていなかったこと。

例 探していた本が意外な場所で見つかった。

関心／感心

関心…心にかけたり、興味をもって注意したりすること。

例 宇宙開発に関心がある。

感心…物事に感服して、ほめるべきだと思うこと。

例 彼の努力する姿に、クラス全員が感心した。

変わる／代わる

変わる…異なった状態や前とちがった状態になること。

例 試験が近くなり、クラスの雰囲気が変わった。

代わる…あるものの役割や立場を、別のものに移すこと。

例 負傷した選手に代わって試合に出た。

暑い／熱い／厚い

暑い…気温が高い状態。対義語は「寒い」。

例 梅雨が明けてから、毎日暑い。

熱い…ものの温度が高い状態。対義語は「冷たい」。

例 寒い日には熱いお茶が欲しくなる。

厚い…ものの片面から反対の面までのへだたりが大きい状態。対義語は「薄い」。

例 図書室から厚い辞典を運んだ。

始め／初め

始め…開始や始まり、着手すること。

例 習い始めたころは、失敗が多かった。

初め…時間的に早い段階や最初のころ。

例 四月の初めに桜が満開になった。

対象／対照／対称

対象…活動が向けられる相手や目標。

例 新入生を対象に説明会を開いた。

対照…あるものを他と照らし合わせて比べること。性質のちがいがはっきりすること。

例 2種類の観察結果を対照する。

対称…2つのものが互いにつり合っていること。

例 この庭園では木が左右対称に植えられている。

よくある送りがなのまちがいパターン

送りがなのミスも減点対象です。

送りがなをまちがえやすい漢字

- 新しい（×新らしい）
- 当たる（×当る）
- 表す（×表わす）
- 現れる（×現る）
- 忙しい（×忙がしい）
- 生まれる（×生れる）
- 起こる（×起る）
- 関わる（×関る）
- 必ず（×必らず）
- 志す（×志ざす）
- 少ない（×少い）
- 確かめる（×確める）
- 止まる（×止る）
- 果たす（×果す）
- 働く（×働らく）
- 短い（×短かい）
- 分かる（×分る）
- 用いる（×用る）

文字に関する減点を防ぐ③

漢字とひらがなの使い分けを覚えよう

☑一般的に「ひらがな」で書くものを覚えておこう。

☑「ひらがな」は字数が増えるので注意しよう。

漢字で書かずに、ひらがなで書いたほうが自然な言葉は意外と多いのです。次に挙げたものは入試小論文・作文でよく使われる、漢字で書きがちな言葉です。ひらがなで書くことをおすすめします。

漢字で書かずにひらがなで書くもの

漢字を多用すればいいというわけではありません。漢字ではなく、ひらがなで書くほうが自然な字もあるので知っておきましょう。

・事 ≫ こと　・時 ≫ とき　・物 ≫ もの

・所 ≫ ところ　・～の通り ≫ ～のとおり

・～の方 ≫ ～のほう

これら形式名詞は高校入試の小論文・作文では、ひらがなで書いたほうがいいでしょう。「時が過ぎていく」など、「事・時・物」を主語として使う場合は漢字で書きましょう。

・沢山 ≫ たくさん　・色々 ≫ いろいろ

誤りではありませんが、入試小論文・作文ではひらがなで書くほうが自然です。また、常用漢字《じょうようかんじ》を使い、常用漢字以外の漢字は使わないようにしましょう。

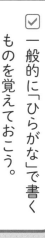

●出来る》できる

「出来る」と無理に漢字にせず、ひらがなで書くほうが自然で、書く時間もかかりません。小論文・作文で使用頻度《ひんど》の高い言葉なので、ひらがなで書いたほうがいいことを知っておきましょう。

●例え・喩え》たとえ

「例え」「喩え」と漢字で書く人も多いのですが、使い分けをまちがえやすいので、ひらがなを使うほうが自然で、ミスも防げます。

●充分・十分》じゅうぶん

もともと「充分」と「十分」は、ニュアンスのちがう二つの言葉でした。いまは「十分」と書くのが標準《ひょうじゅん》です。ただ、作文で「十分」と書くと時間を表す意味と紛《まぎ》らわしく、ひらがなで書いたほうが伝わりやすいでしょう。

●良い》よい　●無い》ない

これらも「良い」「無い」と漢字で書くより、ひらがなで書くほうが自然です。

●〜の様に》〜のように

「〜のように」と助動詞として使う場合はひらがなで書きます。「元気がない様子」など、名詞「様子」として使う場合は漢字で書きます。使い分けましょう。

言葉の使い方に関する減点を防ぐ

書き言葉での注意点をおさえよう

- 「話し言葉」と「書き言葉」を区別しよう。
- 読み返すことで、ミスがぐんと減る。

よくある言葉の使い方まちがいパターン

受験生がよくまちがえる言葉はだいたい決まっています。次に挙げる言葉はまちがえる人がとくに多いので、要注意です。

・「〜たり」

「たり」は、「新聞を読んだり、読書をしたり」というように「〜たり、〜たり」と2つセットで使います。「私は家で新聞を読んだり読書をするのが好きです」は誤りです。

・「見れない」（「ら」抜き言葉）

「見れない」「来れない」は「見られない」「来られない」が正しい使い方です。いわゆる『「ら」抜き言葉』にならないように気をつけてください。

・「あとで後悔しないように」（意味重複《ちょうふく》）

「後で悔《く》いる」から「後悔」というのです。「あとで後悔する」は「腹が腹痛で馬から落馬した」と同じで、意味が重複した誤りです。「実感を感じられた」「尽力《じんりょく》を尽《つ》くす」という言い回しも同様《どうよう》です。

例に挙げたミスパターンを知っておけば、ミスの確率《かくりつ》がぐっと下がります。とくに「〜たり」はみんなよくまちがえるので注意してくださいね。

・「いちばん最初に」（意味重複）

「最も」は「他に比べていちばん」という意味です。「最初」と「いちばん」をいっしょに使うのは、意味が重複している誤りです。「いちばん最後に」という言い回しも同様です。

・「とくにそのときとくに……」

「あまり自己主張をあまりしない」など、同じ言葉をくり返してしまうミスです。一文書いたら、誤字・脱字のチェック、同じ言葉をくり返していないかを確認しましょう。

・「なぜなら～から・ため」／「おそらく～だろう」（呼応《こおう》関係）

「なぜなら」は「から・ため」とセットで使います。また「おそらく」を使う場合は文末は「だろう」で結びます。

・「全然／まったく」（呼応関係）

「全然」や「まったく」は「～ない」という打ち消しの言葉とセットで使います。「全然大丈夫」など、日常会話で使いがちですが、言葉の使い方としては誤りです。

・「的を得た」

的は「得る」ものではなく、「射《い》る」ものです。「的を射た」が正しい日本語です。「得た」にするなら「ツボを心得た」という言い回しにしましょう。

・接続語の選択《せんたく》ミス

「しかし」という接続語を使っているのに前後の内容が逆接関係になっていないなど、接続語の選択ミスをしてしまうケースもよく見られます。

原稿用紙の使い方に関する減点を防ぐ

タテ書きやヨコ書きの原稿用紙に慣れよう

- ☑「、」や「。」などを書くときはとくに注意しよう。
- ☑タテ書きとヨコ書きで漢数字と算用数字を使い分ける。

原稿用紙の使い方ミスパターン

原稿用紙のマス目の使い方には決まりがあります。記述問題の解答欄と原稿用紙は書き方が異なるので気をつけましょう。

書き始めの1文字は1マスあける。
この文 → 　この

段落始めは1マスあける。
たとえ → 　たと

閉じカッコは行の頭におかず、前の行の終わりに入れる。
」と言 → んだよ」

算用数字は漢数字にする。
2つめ → 二つめ

英字は使わない。カタカナにする。
五km → 五キロ

句点《くてん》は行の頭におかず、前の行の終わりに入れる。
。その → と思う。

読点《とうてん》は行の頭におかず、前の行の終わりに入れる。
、この → ぜなら、

始めのカッコは1マス使う。
「あきら → 「あき

10、100などの算用数字も漢数字で書く。
10年前 → 十年前

省略文字は正式な漢字ではないので使わない。
向題が → 問題が

ヨコ書き原稿用紙の注意点

タテ書きのときと異なり、算用数字と英字を使います。1マスに入れる文字数の決まりを覚えておきましょう。

数を特定しない場合や固有名詞は漢数字にする。

数	10	日	間	
数	十	日	間	

漢数字は算用数字にする。2文字を1マスに入れる。

六	百	万	年	前
60	0	万	年	前

カッコの向きがタテ書きのときとちがう。

﹁	共	同	体	﹂
「	共	同	体	」

英字の小文字は2文字を1マスに入れる。

キ	ロ	グ	ラ	ム
kg				

大文字は1文字を1マスに入れる。

WHO				
W	H	O		

高校入試の小論文・作文の場合は、問題用紙の表紙や設問中に原稿用紙の使い方について条件や注意が書かれていることがよくあります。これらをきちんと読み、指定されたルールに沿って書きましょう。

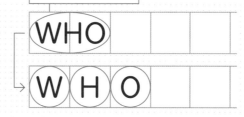

文体などに関する減点を防ぐ

文体は統一《とういつ》しよう

- 「です・ます調」か「である調」、どちらかに統一しよう。
- 小論文・作文では、ふだんの「話し言葉」はNG！

文体の混合《こんごう》による減点パターン

入試小論文・作文でいう「文体」とは、常体《じょうたい》「だ・である調」か敬体《けいたい》「です・ます調」のどちらかをさします。

設問《せつもん》文に「この文章をもとに国語の授業で意見を発表することになりました。あなたの話す言葉を２００字以内で書きなさい」のような条件が書かれている場合は、発表するシーンをイメージして、「です・ます調」で書くほうがふさわしいでしょう。

とくに条件が指定されていない場合は、どちらか書きやすいほうでかまいません。気をつけたいのは**常体と敬体が混合しないようにすること**です。ありがちなのが、書き始めは「私は著者の意見に賛成だ。」というように、「だ・である調」になっているのに、途中から「このときの経験は、いまでもはっきりと覚えています。」などと「です・ます調」に変化してしまっているケースです。文体はどちらかに統一するのがルールのため、文体が混合しないように注意してください。

「です・ます調」で書き始めても、文章の終わりで「だ・である調」になってしまっていることがよくあります。文末に気をつけてください。

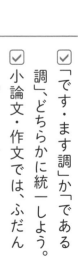

話し言葉による減点パターン

小論文・作文は基本的に「書き言葉」で書いてください。

設問文に「あなたがスピーチで話す言葉を書きなさい」と書いてあっても、次に紹介する言葉は書き言葉で書きましょう。

話し言葉と書き言葉のおきかえ例

- 「なので」⇒「だから・したがって」
- 「でも・ですが」⇒「しかし・けれども」
- 「だけど」⇒「だが」
- 「だって」⇒「であっても」
- 「じゃなく」⇒「ではなく」
- 「あんまり」⇒「あまり」
- 「いっぱい」⇒「たくさん」
- 「いろんな」⇒「いろいろな」
- 「ちょっと」⇒「すこし」
- 「とっても」⇒「とても」
- 「〜してた」⇒「〜していた」
- 「〜しとく」⇒「〜しておく」
- 「〜しちゃう」⇒「〜してしまう」
- 「〜とゆう」⇒「〜という」

お役立ちQ&A その①

Q

私が受験する高校では、課題文を読んで意見を書くタイプの作文が出題されます。でも、私には読解力がなく、課題文をきちんと読み取る自信がありません。文章を書く力もあまりありません。いまから読書をしたほうがいいでしょうか？

A

キミが中学1年生か、2年生だったら読書をすることをすすめます。でも、中学3年生の場合、読書する時間があるのなら、ほかのことを勉強する時間にまわしたほうがいいですね。たしかに、読書は日本語力アップにつながります。いろんなジャンルの本をおおいに読んでほしいものです。

しかし、読書の効果が読解力として表れるのには時間がかかります。何事も本質的な力をつけるのには長い時間がかかるのです。読書の効果が読解力や作文力として表れ始めるのには、早くても1年、よほど多くの本を読まないかぎり数年単位の期間が必要です。

また、読書というとまずイメージするのは小説だと思います。けれども、入試作文の課題文となるのは論説文です。読書をするのなら「新書」とよばれるノンフィクションの本を選ばないと、入試対策にはなりません。

受験が数か月後に迫っている受験生は、効率よく入試作文に取り組む必要があります。それには、作文の「型」を覚えて使えるようにする。次に、ありがちなミスパターンを知って減点されないようにする。そして典型的な入試頻出テーマの作文例を参考に、アレンジをくわえて書けるようにする。さらにその作文を塾の講師などに添削してもらう。これがもっとも効率のよい学習法です。

読解に不安があるなら、読書をするよりももっとよい方法があります。それは、入試過去問の論説文を読むことです。受験する予定のない学校の過去問でもかまいません。複数の学校の過去問を数年分読んでいるうちに、だいたい似たようなことが書かれていることに気づくと思います。「環境問題」「科学によってもたらされたもの」「日本と西洋の文化比較」「コミュニケーションのあり方」……、このあたりが入試頻出のテーマです。

入試の論説文は、長いと思っても、1冊の本を読み切るのにかかる時間の比ではありません。しかも入試で役に立つ実践的な読解力と、頻出テーマにかかわる知識が身につきます。文中の意味がわからない言葉を辞書で調べておくと、さらに効果的です。ぜひ試してみてくださいね。

構成を決める

構成メモを書く

- 書くまえに作文の「設計図《せっけいず》」を作ろう。
- メモがあると、作文の内容が一貫《いっかん》したものになる。

メモを取るなんて面倒だ！　と思っていませんか？　でも、メモを取ることで書く時間を短縮できるうえに、作文の完成度を高めることもできます。
試してみてください。

まず構成を決めてから

受験生が意外とできていないことがあります。それは、小論文・作文を書き始めるまえに書く内容を決めることです。小論文・作文で高得点を取るためには、いきなり原稿用紙に書き始めてはいけません。建物を建てるときには必ず設計図を作ります。小論文・作文も同じです。書きながら考えるのではなく、先に全体の「設計図」を作るのです。

小論文・作文における「設計図」とは「構成メモ」にあたります。この構成メモなしで作文を書くと、意見と具体例のつながりが弱くなりがちです。伝えたいことがあいまいになってしまうのです。一方でどんな作文にするかをメモすることで、全体の流れを客観的《きゃっかんてき》につかむことが可能になります。

構成メモといっても、長い文章を時間をかけて書く必要はありません。ポイントは「筆者の意見の中心は何か」「具体例としてどんなことを挙げるか」そして「その2つをどのようにつなげるか」の3点です。この3点がおさえられていれば、求められたテーマに沿って、一貫した内容の小論文・作文を書くことができます。

それでは、構成が悪い例とよい例を実際に見ていきましょう。

具体例を長く書きすぎて、まとめの意見を書く字数がなくなっていますね。

Before《ビフォー》 構成が悪い作文例（テーマ「日本と西洋の建築」）

筆者は、日本と西洋の建築のちがいを述べているが、私も筆者の意見に賛成だ。たしかに日本の建築、西洋の建築といってもさまざまあるが、より自然を好むのはやはり日本だと思う。

　昨年の夏のことだ。田舎の祖父母の家に行ったときに庭をながめながら、木々や草のにおいに気分がおおいに和んだ。自然には人の心をいやす効果があり、日本人の生活に欠かせない大切なものだと思う。これからも自然を大切にしていきたいと思う。

最初の「筆者の意見」からかけ離れた、自分の個人的な体験の感想で終わってしまっています。

前ページで Before《ビフォー》 **構成が悪い作文例** として挙げた作文のよくない点に気づいたでしょうか。
第一段落で「日本と西洋の建築にちがいが見られることに賛成」という意見を宣言しています。しかし、第二段落の具体例は、ただ「自然にいやされた体験談」になっています。そして結論が「自然を大切に」という、最初に宣言した意見とはかけ離れたものになってしまっています。これではせっかく制限字数いっぱいまで書いた作文も大減点。こうしたことは、あらかじめ構成メモを取ることで防《ふせ》げます。

メモすること

❶筆者の意見の中心は何か
❷具体例としてどんなことを挙げるか
❸❶と❷をどのようにつなげるか

《メモの例》
❶日本の建築は西洋にくらべ、自然を生活空間に取り込む傾向がある
❷祖父母《そふぼ》の家、濡《ぬ》れ縁《えん》
❸濡れ縁……自然を生活空間と結びつける日本独特の建築

最後の一文で具体例を一般化し、第一段落で述べた内容に話を戻していますね。これが小論文・作文で高得点を取るために必要なんですね！

After《アフター》

構成がよい作文例（テーマ「日本と西洋の建築」）

　筆者は、建築物と自然のかかわりについて、日本と西洋のちがいを述べているが、私も筆者の意見に賛成だ。たしかに建築といってもさまざまだ。しかし日本の建築は、外の自然と人間の生活空間をはっきり分けない傾向にある。

　昨年の夏、田舎の祖父母の家に行き、濡れ縁から庭をながめ、木々や草のにおいに気分が和んだ。濡れ縁に代表されるように、日本建築は自然とのつながりを重視している。西洋とはちがう特徴があると考える。

構成メモを取ってから書いているので、文章にムダがなく、意見 → 具体例 → 意見の流れに一貫性があってわかりやすいですね！

内容を絞《しぼ》る

「あなたの言いたいことは何か？」と聞かれたら？

- ☑ 盛《も》り込む内容をひとつに絞ろう。
- ☑ 欲張《よくば》ると、結局わかりにくい作文に。

主張をまとめて内容を絞る

読み手に伝わる文にするには、主張をシンプルにまとめることが大切です。書く内容をたくさん思いついても、それをすべて書くには制限字数が少なすぎます。たとえ書けても中途半端《ちゅうとはんぱ》な内容になってしまいます。

言いたいことをひとつに絞ると何か。それをはっきりさせましょう。構成メモを書き終えたら、採用《さいよう》する内容を厳選《げんせん》するのです。第二候補《こうほ》、第三候補の内容は思い切って捨てる。その思い切りが必要です。それでは、内容が絞られていない例と絞られている例を実際に見ていきましょう。

文章や表・グラフがいちばん伝えたいことは何か。そのことに対してあなたはどう考えるのか。それをひと言でいえるのが、入試におけるよい小論文・作文です。

内容の絞り方

❶ 筆者の意見の中心は何か ⇓ ひとつの主張に絞る

❷ 具体例としてどんなことを挙げるか ⇓ 主張の根拠になること以外は書かない

筆者の主張をたくさん挙げているから、賛成している自分の意見が伝わりにくいですね。

Before《ビフォー》

内容が絞られていない作文例（テーマ「生物の多様性」）

筆者は生物の多様性が環境システムのバランスを保持しているが、人間が工学的発想で共生する生物界を占有してしまい、それが環境バランスの破壊につながっていると述べている。私もそう考える。たしかに、生物の微妙な相互関係のうえに環境システムが成り立っていることは実感しにくいが、地球が人間だけのものではないのは事実だ。

私は中学で三年間バスケット部に所属していたが、個性豊かな選手が多いチームは適応力があり、強いことが多い。チームに一人だ

具体例も体験で終わっていて、自分の意見につながっていませんね。

課題文で述べられているいくつもの筆者の意見から、取り上げる内容をひとつに絞ることができていますね。

けすぐれた選手がいても、勝ち続けることはできない。

After《アフター》
内容が絞られている作文例（テーマ「生物の多様性」）

　筆者は生物の多様性が環境システムのバランスを保持すると述べているが、私もそう考える。たしかに、生物の微妙な相互関係のうえに環境システムが成り立っていることは現代の私たちには実感しにくい。しかし、多様性が環境の変化における強さにつながっているということは理解できる。
　たとえば、個性豊かな選手が多いチームは

具体例については、筆者の意見とは無関係のことは、すべてカットしていますね。

適応力があり、強くなりやすいことを私は部
活動で経験している。地球の生物も同じだ。
多様性が環境の変化への適応力をもたらす。
まずは生物の多様性が急速に失われている現
状をもっと知る必要があるだろう。

Before《ビフォー》 **内容が絞られていない作文例** として挙げた作文のよくない点に気づいたでしょうか。まずいちばんの失敗のもとは、第一段落で筆者の意見を欲張《よくば》って挙げすぎたところです。「生物の多様性《たようせい》が環境システムのバランスを保持《ほじ》している」ことを取り上げるのか、「人間が工学的発想《はっそう》で環境バランスを破壊《はかい》している」ことを取り上げるのか。どちらか1つに絞るべきです。2つとも取り上げたことで、具体例を挙げ、結論へと発展《はってん》させる前に制限字数に達してしまっています。

いっぽう、**After**《アフター》 **内容が絞られている作文例** では、筆者の意見を「生物の多様性が環境システムのバランスを保持している」ということに絞っています。具体例でも意見の根拠にかかわることのみを挙げています。そのため、**具体例で挙げたことを一般化して結論づける字数を残すことができている**のです。

文を書き始める前に、構成メモを書くことの重要性が伝わったでしょうか。

段落を分ける

読みやすく、わかりやすいように

- ☑段落数の目安を知っておこう。
- ☑段落数を考えておくと、作文の内容もまとまる。

内容によって段落を分ける

読み手に伝わりやすい文章にするには、段落分けが必要です。段落分けされていないと読みにくいためマイナス評価につながります。作文が200字から300字程度であれば二段落、400字を超えるのであれば三段落構成をおすすめします。段落は内容によって分けます。実際に、段落が分けられていない例と分けられている例を比べてみましょう。

段落の内容

二段落構成の場合

第一段落……意見（文章や表・グラフから読み取れることに対する自分の意見）
第二段落……体験談（具体例）と結論

三段落構成の場合

第一段落……意見（文章や表・グラフから読み取れることに対する自分の意見）
第二段落……体験談（具体例）
第三段落……結論

200字から300字程度であれば二段落、400字を超えるのであれば三段落構成をおすすめします。

段落分けがされていないので、
読みづらいですね……

Before《ビフォー》 段落が分けられていない作文例（テーマ「携帯電話のマイナス面」）

　私も筆者が述べているように携帯電話のマイナス面を実感したことがある。たしかに携帯電話はもはや日常生活の必需品といえるほど便利なものだ。しかし、便利なものにはマイナス面もある。たとえば以前、携帯電話を紛失してしまったとき、とても不安になった。携帯電話は個人情報のかたまりであり、悪用される危険性が高いからだ。携帯電話は便利さと同時に、大きなマイナスをもたらしうる道具だということを忘れないようにしたい。

これではどこまでが意見で、どこからが
具体例か、はっきりわかりませんね。

第一段落が意見、第二段落が具体例とまとめの意見だと、すぐわかります。

After《アフター》 段落が分けられている作文例（テーマ「携帯電話のマイナス面」）

　私も筆者が述べているように携帯電話のマイナス面を実感したことがある。たしかに携帯電話はもはや日常生活の必需品といえるほど便利なものだ。しかし、便利なものにはマイナス面がある。

　先日、私は携帯電話を紛失してしまい、とても不安になった。携帯電話は個人情報のかたまりであり、悪用される危険性が高いからだ。携帯電話は便利さと同時に、大きなマイナスをもたらしうる道具だということを忘れないようにしたい。

段落が分かれているので、読みやすいですね！

Before《ビフォー》**段落が分けられていない作文例**として挙げた作文は、意見、段落、まとめがすべて1つの段落に書かれているため読みにくくなっています。読みにくいということは、採点する人にマイナスの印象を与えます。それだけ減点される可能性が高まるということです。

読み手に伝わりやすい文章かということも評価基準に入っています。読みにくいと、減点されてもしかたがありません。

いっぽう、**After**《アフター》**段落が分けられている作文例**では、第一段落では意見のみが書かれています。第二段落では具体例と、そこから導《みちび》き出される結論、まとめが書かれています。段落が分かれていると、「私も筆者が述べているように……」「先日、私は……」という段落の書き出しを見ただけで、その段落に書かれていることが予想できます。その予想にもとづいて読み進めることができるので、読み手に伝わりやすいのです。

構成メモを書く段階で、いくつの段落で書くのか、そのバランスはどうするのか、各段落の内容は何かを決めておきましょう。

一文を短くする

短いとわかりやすくなる

- 一文が短いと、作文の内容が印象に残りやすくなる。
- むだな言葉は省《はぶ》いてシンプルに。

読みやすい文章にするコツがあります。それは一文を短くすること。文法的にも単純になり、減点される可能性が減ります。

一文が短い＝読みやすい

読みやすい文章にするにはコツがあります。それは**一文を短くすること**です。一文が長いと、読み手に伝わりにくい文章になります。なぜ伝わりにくくなるのでしょうか。それは、一文が長くなるほど、主語と述語のつながりがあいまいになったり、ねじれたりしやすいからです。

英作文の問題でも、単語数が多い問題ほど正解するのが難しいですよね。日本語も同じです。一文が長くなると、文の構成が複雑になります。文法のミスをしやすくなり、減点につながります。**文が2行を超えたら文を切り、2つに分けましょう。**

どうしても一文が長くなってしまう人は、次のことを改めて意識してみてください。

まず、入試小論文・作文では**「一文が短いほどよい」**こと。そのためには、文を分けられる場合はとにかく分けること。なくても意味が通じる言葉は削《けず》ること。もっと短い表現ができないか、考えながら言葉選びをすること。これらのことを意識して実践《じっせん》してみてください。

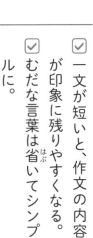

《一文が長い例》

たしかに電子書籍《しょせき》やインターネットのニュースを読むことで文章に接《せっ》することが可能ではあるけれども、紙の本や新聞からしか得ることのできない情報があり、紙媒体《かみばいたい》独特の使い勝手《がって》のよさはやはり電子書籍やインターネットにはないメリットだと考える。

《文を区切った例》

たしかに電子書籍やインターネットのニュースでも文章を読むことが可能だ。しかし、紙の本や新聞には、ほかでは得られない情報がある。使い勝手もよい。電子書籍やインターネットにはないメリットだ。

《一文が長い例》と**《文を区切った例》**を読みくらべてみるとどうでしょうか。**《文を区切った例》**のほうが読みやすいですよね。とにかく一文は短く。そのことを意識してください。

一文を短く書くポイント

- 一文が2行を超えないことを意識する
- 3行以上になるときは文を2つに分ける
- なくても意味が通じるような、よけいな言葉は削る
- 長い表現は同じ意味の別の短い表現に変える
- 基本的にすべての文を1行で終わらせることをめざす

修飾《しゅうしょく》語《ご》と被《ひ》修飾《しゅうしょく》語《ご》を近くにおく

修飾語を意識して読み書きしてみよう

☑ 修飾語と被修飾語の位置を確認しよう。
☑ 不要な修飾語はカットするのも手。

説明する言葉（修飾語）と説明される言葉（被修飾語）をくっつける。それだけで文がすっきりし、読む人に伝わりやすくなります。

修飾語と被修飾語をくっつける

一文を短くする以外にも、読みやすい文にする簡単《かんたん》な方法があります。それは**修飾語と被修飾語をくっつけること**です。修飾語とは説明をつけくわえる言葉です。また、被修飾語とは説明される言葉のことを指します。修飾語と被修飾語が離れれば離れるほど読みにくくなります。難しく考える必要はありません。例を挙げて説明しましょう。

《修飾語と被修飾語が離れている例》

とても立派（修飾語）な見習わなければならない行動（被修飾語）だ。

《修飾語と被修飾語がくっついている例》

とても立派（修飾語）な行動（被修飾語）で、見習わなければならない。

あとに挙げた、《修飾語と被修飾語がくっついている例》のほうが読みやすいですよね。一文を書き終えるごとに、修飾語と被修飾語の位置を確認することを意識してみてください。

読点《とうてん》を打つ

もうひとつ、文章を読みやすくするためのポイントがあります。それは**読点を打つ**こと。読点がないまま文章がつづくと文意が伝わりにくくなったり、誤解《ごかい》が生じたりします。

《読点がないので意味が定まらない例》

母は泣きながら走る妹を追いかけた。

これでは、泣いているのが母なのか、妹なのかがわかりません。「母は、泣きながら走る妹を追いかけた。」または、「母は泣きながら、走る妹を追いかけた。」というように、読点を打てばはっきりします。

これは、やや極端《きょくたん》な例ですが、読点がないと読みにくくなるものです。「すこし多いかな」と思うくらい、読点を打ちましょう。

お役立ちQ&A その②

Q

漢字が苦手です。いつも作文で漢字のまちがいで減点されてしまいます。やっぱり漢字の練習をしたほうがいいのでしょうか？

A

はい、練習したほうがいいです。漢字は国語試験の単独の問題としても必ず出されるからです。漢字の問題の配点を合計すると、だいたい20点ぐらいになる学校が多いのです。多くの学校は各科目、70点前後取れば合格できます。ということは、入試で合格するために必要な国語の点数の3分の1から4分の1くらいは漢字で決まるわけです。試験で出される漢字を、全問正解することをめざして勉強するだけの価値があります。

入試小論文・作文で点数を上げるための漢字の学習は、効率よく取り組むコツがあります。小論文・作文では難しい漢字を使う必要はありません。まずは小学5、6年生で習う漢字を完璧に書けるようにしておきましょう。同時に、42〜45ページの「よくある漢字のまちがいパターン」を読み、不安な漢字を練習しましょう。効率的にミスを減らすことができます。

さらに、漢字で減点されない確実な方法を紹介します。それは、自信のない漢字は使わず、ほかの表現におきかえることです。漢字のテストとちがって、小論文・作文では決まった言葉を漢字で書く必要はありません。すこしでもあやしく感じたら、どんどんほかの言葉にかえましょう。

また、画数の多い漢字も同様です。画数の多い漢字を使うと、ミスする可能性が高くなるうえ、時間のロスにもなります。作文を添削していると、「友達」という漢字の「達」

の6画めから8画めの横線3本を2本にしてしまっているミスをよく見かけます。この場合は「友達」と書かずに「友人」と書くことでミスがなくなり、時間も短縮できます。ほかにも、たとえば「興味」は「関心」に、「試験」は「テスト」にするなど、臨機応変《りんきおうへん》に言葉をおきかえて作文を書き進めるといいですよ。

コミュニケーション

試験前に練習しておきたい頻出テーマ

高校入試小論文・作文で六大頻出テーマのひとつである「コミュニケーション」。このテーマは「西洋人と日本人のコミュニケーションのちがい」や「コミュニケーションを避《さ》ける若者」など、かたちを変えて出題されます。

本書では「コミュニケーション」について述べられた作文例を3種類紹介します。アレンジをくわえて活用できるようにしておきましょう。

自分の持ちネタをいくつか用意しておくと安心です。

入試で出される小論文・作文のテーマには傾向《けいこう》があります。頻出テーマは事前に練習しておくと、入試本番で書く時間を大幅に短縮できます。

「コミュニケーション」作文例①

型①
型②
型③
型④

筆者は日本人の自己主張しないコミュニケーションの問題点を指摘している。私も同感だ。たしかに、言葉に出さなくても相手に気持ちを察してもらうのが日本人の好みだ。しかし、言葉にしないと誤解につながることもある。

たとえば部活動でも、意図を言葉にしないと考えちがいが生まれ、チームが機能しない。そのためメンバーどうしで声がけをしていた。

このように、日常でも自分の考えをはっきり言葉にして伝えることを意識したい。

「コミュニケーション」作文例②

　筆者はコミュニケーションを避ける若者が増えたことを指摘しているが、私も同感だ。たしかに便利なツールが発達し、会って話す必要性が減っている。しかし、会って話すからこそ伝わることもある。

　先日、私はスマートフォンを通じたメッセージのやり取りから、友人とけんかになった。そこで、次の日に会って話したところ、互いの誤解に気づき、仲直りできた。このように、やはり会って、表情を見ながら会話するのがコミュニケーションの基本だと考える。

この作文例では型どおりの言葉は使われていないけれど、意見・体験談・意見という基本の構成になっていますね。

「コミュニケーション」作文例③

　私の考える理想的な対話は、筆者の述べるように相手の気持ちを配慮しつつ、自分の思いを伝えられる対話だ。

　私は人と話すときに自分のことばかり話してしまう。しかし、それでは対話は発展しない。対話は自分と相手がいて成り立つものだからだ。相手の言っていることに耳を傾けて意図を理解し、そのうえで自分の考えを伝える。そんな理想の対話をめざして、周囲の人との関係を深めていきたい。

意見
体験談
意見

科学技術によってもたらされたもの

自分の生活と結びつけてみる

「科学技術によってもたらされたもの」というテーマも入試頻出です。「科学技術のプラス面に目がいきがちだけれど、マイナス面も忘れないようにしたい」という意見が基本型です。

身近にある、科学技術によってもたらされたものというと何を連想するでしょうか。やはり、パソコンや携帯電話《けいたいでんわ》（スマートフォン）などが思い浮かぶでしょう。

入試小論文・作文でも、パソコンなどの電子機器《でんしきき》の利便性《りべんせい》とリスクについて述べた文章が、課題として取り上げられるのが定番のひとつです。これも3パターンの作文例を紹介します。

無理に難しいことを書こうとしても失敗します。ふだんの生活でのできごとを結びつけて書きましょう。

なかなか思いつかないようであれば、作文例を真似して使うのもオススメです。何事も最初は真似から始まるものです。積極的に活用してください。

「このように〜」の一文で、登山の個人的な体験談を一般化していますね。

「科学技術によってもたらされたもの」作文例①

筆者は科学技術の負の側面について述べているが、そのとおりだと考える。たしかに、科学技術によって私たちの生活は便利になった。しかし、それによって失ったものもある。先日、私は山に行ったのだが、頂上付近までロープウェーで一気に上がった。山頂からの眺めはきれいだったが、自分の足で登り切っていれば、もっと大きな感動を味わうことができただろう。このように、便利さは必ずしもプラスだとは言い切れない。不便さの先にある達成感を忘れないようにしていきたい。

「科学技術によってもたらされたもの」作文例②

型①　型②　型③　型④

　筆者が述べているとおり、現代は便利追求社会であると考える。たしかに便利なものに囲まれて生活していると、それが当たり前になり、さらに便利なものを求めてしまう。

　たとえば数年前まで、調べものにパソコンが便利だと感じていた。それが今では起動が早いタブレット端末に慣れ、起動に時間がかかるパソコンを不便に感じている。このように、加速する便利追求社会は、もののありがたさを感じにくくさせる側面がある。ときには、もののありがたさを改めて思い出したい。

「科学技術によってもたらされたもの」作文例③

　筆者はコンピュータの進化と普及が社会の変化スピードを速めていると述べているが、私もそう考える。たしかに現代では歴史の教科書に登場するような画期的な発明は少ない。しかし、コンピュータの性能の向上は、目まぐるしいものがある。

　たとえば、数年前までインターネットを使うにはパソコンが中心だったが、いまではタブレット端末やスマートフォンが主流だ。このような時代だからこそ、進化する文明の利器を活用できるようにしていきたい。

型①：筆者は／私もそう考える
型②：たしかに／しかし
型③：たとえば
型④：このような

環境問題

自分にどんな貢献《こうけん》ができるかを考えてみる

入試小論文・作文の定番、「環境問題」。かぎられた文字数で書けることはだいたい決まっています。作文例をアレンジして書けるように準備しておきましょう。

国語の論説文でいちばん多く目にするテーマは何でしょうか。それは科学の発展と同時に深刻《しんこく》化している「環境問題」です。

このテーマが出されたときは、「科学は人類に技術をもたらしたが、それによって自然破壊が進んでいる。人間も自然の一部なのだから、自然を守る意識を高め、できることをしていきたい」という方向の意見が基本型となるでしょう。

体験談が求められた場合は、無理に背伸びせず、作文例①のような例でじゅうぶんです。「地球の自然環境」など、体験談を挙げるのが難しい場合は、作文例②のように、ニュースや新聞で見たことを挙げればＯＫです。

「環境問題」作文例①

型① 型② 型③ 型④

　筆者が述べるように、私たちは森林の価値を過小評価していると考える。たしかに都会の生活では、自然の恩恵を実感しにくい。しかし、実際に森林などに行くと、自然のもたらす効能に気づくことができる。

　先日、祖母の家に行ったさいに、近くの森林を散策した。数時間ののんびりと歩くと、気持ちが晴れて活力を得ることができた。このような体験は、だれしも味わったことがあるはずだ。森林の経済効果だけでなく、ただ、そこに存在することの価値を見直したい。

「環境問題」作文例②

型①　型②　型③　型④

私も、人類の生活は地球に存在するほかの生物との共生によってしか成り立たないという筆者の意見に賛成だ。たしかに森林伐採などで自然を利用することは必要だ。しかし過度に自然を破壊してしまうのは避けたい。

先日、熱帯雨林が、伐採により急速に減少していることが報じられていた。このような、回復が追いつかない無理な伐採による代償は人間にも必ずまわってくる。目先の利益だけでなく、長期的な視点で自然と向き合う必要があるだろう。

「環境問題」作文例③

型①　型②　型③　型④

　私も、多様な生物が存在するからこそ、地球環境が持続可能であるという筆者の意見に賛成だ。たしかに、食物連鎖は目に見えないが、環境は生物の多様性に支えられている。

　たとえば植物は光合成により二酸化炭素を吸収し、酸素を発生させている。植物が減少すれば、私たちの生命がおびやかされることになる。人間はほかの多くの生物の存在によって支えられている。このように、私たち一人ひとりが、環境への感謝の意識を高めることで、後世に豊かな自然を残したい。

グローバル化する世界で大切なこと

グローバル化の正の側面と負の側面、両方を考えてみる

グローバル化が進み、日常生活でも海外の人と関わることが多くなりました。「異文化理解」や「国際交流」などのキーワードから、小論文・作文を書く練習をしておくとよいでしょう。

世界のグローバル化（グローバリゼーション）も、高校入試の小論文・作文や国語の論説文で扱われることが多いテーマです。グローバル化とは、情報通信技術や交通手段の発達により、人やモノ、情報が地球規模で移動するようになることです。この結果、政治や経済、文化など、社会のさまざまな場面で国境を越えた活動が行われています。

グローバル化が広まるにつれて、さまざまな国や地域に適した効率の良い生産活動が行われるようになりました。また、地球規模での交流から新たな文化や技術がうまれることもあります。

このような発展がある一方で、グローバル化には負の面があることも指摘されています。たとえば、企業が生産活動の拠点を海外に移すことで国内産業の空洞化・衰退が進む可能性があります。また、異なる文化的背景をもつ人同士が接することで衝突や摩擦が生じやすくなります。記憶に新しいところでは、地球規模での人の自由な移動によって、新型コロナウイルスの感染が拡大したのも一例といえるでしょう。

「グローバル化する世界で大切なこと」作文例①

型①　型②　型③　型④

　筆者はグローバル化による合理性の追求には負の側面もあると述べている。私も賛成だ。たしかに、人や物の自由な移動は、生活を便利で豊かにした。しかし、他方で伝統的な文化の衰退を招いている。

　たとえば、伝統工芸品は完成までに時間や手間がかかる。そのため、大量生産された安価な輸入品にとってかわられ、伝統的な生産方法が衰えつつあるという。このように、グローバル化する世界では、伝統的な文化を積極的に守ることが重要だと考える。

「グローバル化する世界で大切なこと」作文例②

型①　型②　型③　型④

　グローバル社会では自文化の理解が重要だと筆者は述べているが、私もそう考える。たしかに、異文化理解も欠かせない。しかし、文化交流が進む世界では、自文化の発信が豊かな社会につながる。

　たとえば、日本人は古来から四季の変化を楽しみ、山や海の恵みに感謝しながら生きてきた。自然と共生する日本文化の考え方は、地球環境問題の解決に役立つ。このように、自分の生まれ育った文化を通じて、グローバル社会に貢献していきたい。

「グローバル化する世界で大切なこと」作文例③

型①　型②　型③　型④

国際交流では想像力が大切だという筆者の意見に私も同意する。たしかに、ジェスチャーなどのコミュニケーションを通じて交流はできる。しかし、文化が異なる相手とはお互いの「あたりまえ」が通じにくい。

先日、海外からの留学生に手まねきをすると、そのジェスチャーは相手を遠ざける意味に受け止められる国もあると注意された。文化によってジェスチャーの意味が異なる。このように、習慣には国のちがいがあることも想像しながら、国際交流を心がけたい。

社会の変化に対応するために

予測のつかない未来の変化にもアンテナを張っておく

グローバル化やICT・AIの発達、少子高齢化による社会の変化は、論説文のテーマになることもよくあります。面接で質問されたり、集団討論のテーマにされたりすることもあります。

これからの時代は、急激に社会が変化し、将来の予測が難しくなるといわれています。グローバル化が進み、ICT（情報通信技術）やAI（人工知能）が進歩したことによる影響です。このため、変動が激しく、不確実で複雑な社会が訪れるのです。こうした社会変動について、小論文・作文のテーマとして入試で出題する高校も増えています。

このような社会的なテーマについて小論文・作文を書くためには、知識も求められます。日頃からニュースを見たり新聞を読んだりすることで、社会がどう変化しているのか知っておくと、具体的で深い考察を導きやすくなります。また、「変化に対応するために大切なことはなにか？」「そのためにどのようなことを心がけるか？」という点について、自分の意見を示せるよう、ふだんから考えておくとよいでしょう。

「社会の変化に対応するために」作文例①

　筆者が述べるように、社会の変化に対応するためには、自らを柔軟に変化させる姿勢が必要だと考える。たしかに、古い価値観にとらわれてばかりでは時代の変化に対応できない。

　たとえば、スマートフォンの登場は、コミュニケーションや買い物の仕方や働き方など、日常生活の姿を大きく変えた。このように、技術の進歩がめざましい現代では、新たなものを柔軟に受け入れる姿勢を忘れずに社会の変化に対応していきたい。

型①　型②　型③　型④

型① 型② 型③ 型④

　変化の大きな時代には試行錯誤が成功への近道だと筆者は述べている。私も同感だ。たしかに、失敗はしたくない。しかし、初めて経験することに正解はない。

　昨年、生徒会で地域の高齢者との交流会を数回おこなった。未経験のため初回はうまくいかなかったが、毎回の参加者の反応をもとに改善し、最終回は満足のいくものになった。このような試行錯誤をくり返しながら、新たな体験に挑戦して、変化の大きな時代に向き合っていきたい。

「社会の変化に対応するために」作文例③

型①　型②　型③　型④

主体性が重要と述べる筆者の意見に賛成だ。たしかに、主体的な行動は難しく他者からの指示に沿うほうが苦労は少ないかもしれない。しかし、指示に従って動くだけなら機械と大差がない。

たとえば、人工知能の処理能力は人間を上回る。多くの産業で実用化され、やがて人間の仕事の多くを機械が代替するとされる。このような社会変化に対応できるよう、自ら意思決定をし、その責任感のもと主体的に行動していきたい。

SDGs（持続可能な開発目標）

自分たちの社会が持続していくために必要なことを考える

どのような目標がSDGsで掲げられているのかチェックしてみましょう。ふだんの生活の中で自分たちにできることを考えておくと、このテーマに対応しやすくなります。

SDGs（エス・ディー・ジーズ）も近年、小論文・作文に取りあげられることの多いテーマです。SDGsとは、Sustainable Development Goals（持続可能な開発目標）の略称です。2030年までに達成すべき目標として、2015年の国連サミットで採択されたものです。「貧困や飢餓の解消」「健康・福祉、教育の普及」「安全な水やトイレの供給」「ジェンダー平等の実現」「クリーンなエネルギーの確保」「働きがいと経済成長の両立」「気候変動への対策」「海の豊かさの保全」「陸の豊かさの保全」など、17の目標が掲げられています。

どの目標も各国が協力して取り組むべきもので、これからの時代を生きるうえで欠かせません。さまざまな社会問題にも関わってくるので、どのような目標があるのかを知っておくとよいでしょう。また、達成するためには何が必要なのか、日頃から考えておくことをおすすめします。

作文例では、日本が達成に貢献できる目標として「安全な水やトイレの供給」を題材にしています。

「たとえば」という言葉を使っていないけれど、ここから型③の内容、具体例を挙げていますね。

「SDGs（持続可能な開発目標）」作文例

型②

人間の生活には水が不可欠だ。飲料水としてだけでなく調理用水や入浴用水、洗濯、農業用水など用途は幅広い。しかし、発展途上国をはじめ、世界には安全な水が入手困難な場所もある。そうした地域に住む人々は、水汲みのために遠くの井戸まで往復する不便があったり、やむをえず使用した汚染水によって健康を害したりしている。また、水が不足すればトイレも設置できない。排泄物が処理できず不衛生な環境での生活を強いられている。

与えられた題に対する自分の考えを支える根拠を示しています。

この場合は賛成表明ではなく、与えられた題に対する考えを述べているんですね。

そこで、このような問題をかかえる地域に対して、わが国は水を直接提供するとともに技術支援もおこなうべきだ。日本は水を浄化する技術が優れており自然から得た水を有効に使えるので、国土面積が小さいわりに使用可能な水が多いそうだ。また、屋内でも屋外でも蛇口をひねればいつでも水が簡単に手に入る。トイレや下水処理施設も整っているため清潔に暮らしている。このような衛生的な生活を可能にする浄水やトイレ、上下水道の技術を日本から世界に伝えていきたい。

型④「このように」を「こうした」と変化させて使っています。

　こうした取り組みを通じて、世界各地で限られた水資源を効果的に使えるようになるだろう。今後、発展途上国を中心に世界全体の人口が増加し、ますます多くの水が必要になると予測されている。そのため、きれいな水の確保は地球規模での長期的な課題だ。日本は長らく水資源を有効活用するための工夫をしてきた。この技術を活用して安全な飲み水やトイレの供給を支援することによって、わが国は持続可能な開発目標の達成に貢献できると考える。

「音」

ひとつの言葉にとらわれすぎないように

抽象的な言葉を題にして書くことが要求される推薦入試小論文・作文の具体的な書き方を紹介します。とらえどころのない題が出された場合は、**そのものから連想できる具体的な言葉におきかえて書く**のがコツです。

たとえば「音」であれば、「個性《こせい》」とおきかえてみます。電子音ではない自然界の音であれば、まったく同じということはないはずです。似たような音でも、そこには微妙《びみょう》な音色《ねいろ》のちがいがあるはずです。こうして「音」を「個性」におきかえるのです。「音」という言葉だけでは、趣味が音楽だったり、吹奏楽部《すいそうがくぶ》に所属《しょぞく》していたりしなければ、そう多くのことは書けないですよね。それにくらべて「個性」という題であれば、だれもが書きやすいはずです。

ひとつの単語が題で出されたら、そこから連想できる具体的な言葉におきかえて書くと、高い評価を得られる作文になります。最後の一文で与えられた単語のテーマにつなげればOKです。

ひとつの単語の題で作文を書く場合、その言葉から連想できるほかの言葉におきかえて書くのがコツです。

「音」作文例

　自然界にまったく同じ音は二つとない。似たような音でも、微妙なちがいがある。それは人の個性に似ている。落下する滝の音のようなエネルギーを持った人もいれば、そよ風に揺れる葉音のような繊細な精神の持ち主もいる。

　一般的に社会でよいとされるのは、ほかの音にかき消されない大きな音を出せる、自分の主張をはっきり伝えられるような人間だ。

型②

たしかに、堂々と主張ができる人間は目立つし、立派だ。評価もされやすい。楽器でいえ

この場合は賛成表明ではなく、与えられた題に対しての考えを述べているんですね。

型②　型③

ば、打楽器だ。その音はひときわ目立つ。しかし私は、このような模範的な人間像に近づきたいとはあまり考えない。音楽は、さまざまな楽器で演奏されるからこそ深みが増す。社会も多くの個性の人間がいるから、広がりが出て、発展がある。

　たとえば近年、自然環境破壊が問題視されている。なかでも深刻なのは、生物の多様性が急速に失われていることだという。どんな小さな生物でも、その種が絶滅することで、生態系に変化が起きる。その変化は小さなものであっても、時間がたつにつれて重大な事態になる。

多様性は世界の持続、発展のもととなる。多くの生物がいることで地球は成り立っている。同じように、社会もいろいろな個性の人間がいるほうがいい。私には、ほかの楽器に負けない大きな音を出せる個性はないかもしれない。しかし、ほかの楽器と調和することで、単独では出せないハーモニーを奏でる弦楽器のような音を出せる人間になりたい。そうすることで、私も社会の一員としてだれかにプラスの影響を与えていきたい。

型④の「このような」を「同じように」と変化させて使っていますね。

「○○高校を志望する理由を書いてください」

面接でも定番の質問

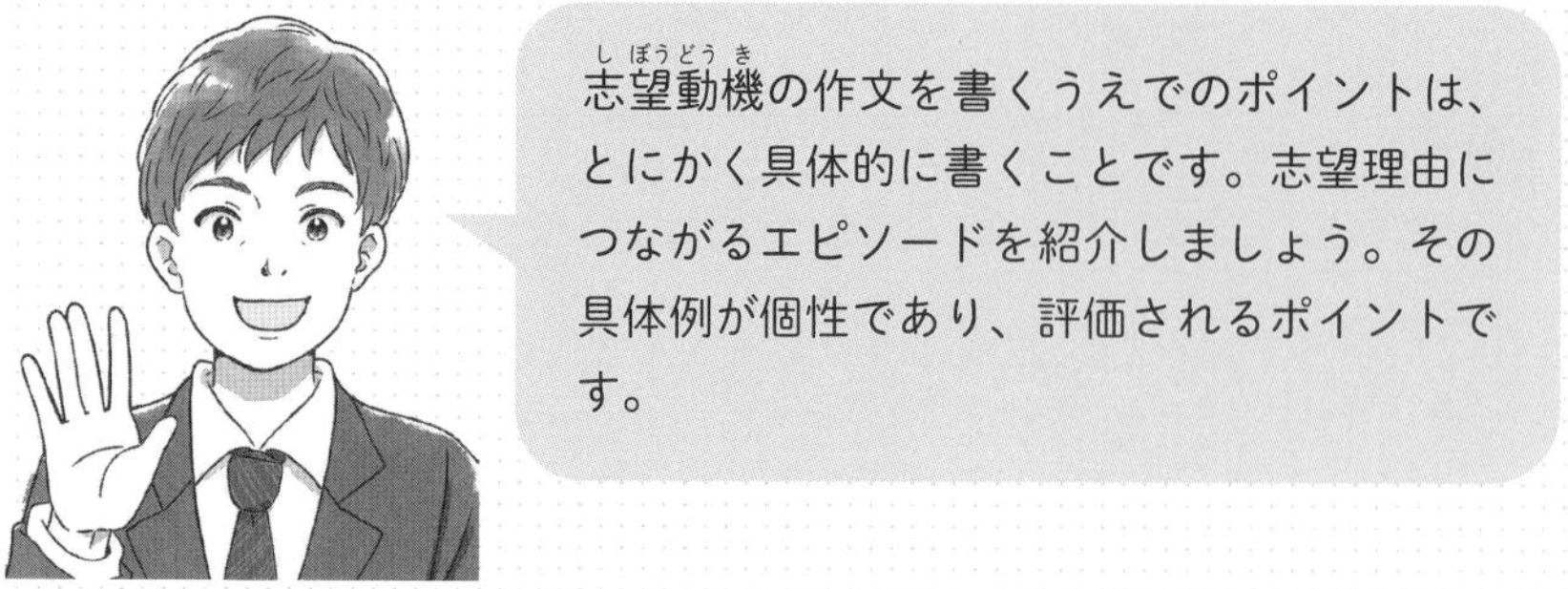
志望動機《しぼうどうき》の作文を書くうえでのポイントは、とにかく具体的に書くことです。志望理由につながるエピソードを紹介しましょう。その具体例が個性であり、評価されるポイントです。

推薦《すいせん》入試の大定番である「志望動機」作文。書く内容の自由度が高い作文です。それなのに受験生の書く内容がみな似《に》たり寄《よ》ったりになり、個性が伝わりにくい作文になりがちです。志望動機は入試作文で出されなかったとしても、面接では必ず聞かれます。自分らしさが伝わる志望動機を掘《ほ》り下げておきましょう。

《典型《てんけい》的でありきたりの内容例》

（私が○○高校を志望する理由は……）

・「自主《じしゅ》・自立《じりつ》」という校訓《こうくん》にひかれたからです。
・緑が多く、広い校舎や充実した設備で学習をしたいと考えているからです。
・豊富《ほうふ》な学習プログラムが用意されているからです。
・生徒一人ひとりへきめ細かくフォローする仕組みが整っているからです。

共通するのは、書き手個人のオリジナリティがないことです。だれにでも使い回しできてしまいます。一般入試の作文であればそれでもよいのですが、推薦入試の作文ではそれではダメです。書き手の個性が表れる作文が求められます。それには、とにかく具体的に書くことが必要です。具体的に書くには、自分が体験したエピソードを紹介します。

志望理由を述べたあとに、そう思うようになったきっかけとなる体験談を紹介することで、あなたらしさが伝わるでしょう。
また、推薦入試の小論文・作文では書き手の価値観、考え方も評価のポイントになります。採点者にあなたの前向きな姿勢が伝わる内容に仕上げましょう。

「志望動機」作文例

「志望する理由」という題なので、型①・②を使わずに、自分の意見から書き始めているんですね。

　私が〇〇高校を志望する理由は二つあります。ひとつは歴史あるサッカー部に入り、尊敬する先輩たちとともに試合に出て活躍をしたいからです。私は小学一年生でサッカーを始めました。中学ではサッカー部のキャプテンとして、チームを関東大会の決勝リーグまで導くことができました。昨年の夏、最後の

「たとえば」という言葉を使っていないけど、ここから型③の内容、具体例を挙げているんですね。

試合で勝つことができなかった悔しさは、今でも忘れられません。

　また同時に、メンバーが個性を発揮しながらも、組織として機能し、大きな力を生み出す充実感を得られたことも貴重な経験でした。高校では全国大会の舞台をめざしたいです。

　もうひとつの志望理由は、英語教育に力を入れているからです。私は、サッカークラブチームの国際交流として、イギリスに行ったことがあります。そのとき現地のクラブチームのメンバーとの合同合宿で友人ができました。当時私は英語をほとんど話せませんでし

ここから、型③の内容である具体例の２つめを挙げていくわけですね。

最後の段階では具体的に挙げた2つの理由とまとめ、志望校の教育理念につなげていますね。

型④

たが、サッカーという国境を越えたスポーツを通じ、意思の疎通をはかることができました。帰国後、英語への意欲が高まり、現在まで積極的に英会話の勉強をしてきました。高校ではさらに英語力を高め、イギリスの友人に再会したいです。サッカーの技量だけでなく、英語力も上がったところを見せて友人を驚かせるつもりです。

　このような私の二つの目標を実現するには、○○高校がふさわしいと考えています。それは○○高校の教育理念、「文武両道」の体現につながるはずです。

600字課題文作文

難関高校入試の小論文・作文に挑戦しよう①

難関校の受験小論文・作文であっても恐《おそ》れることはありません。書き方は公立校の一般入試小論文・作文と同様です。

課題文をもとにした600字作文を課す学校があります。難関といわれる私立高校の推薦入試や一般入試で出題されます。ただ、難関校の小論文・作文であっても課題文をもとに書くという点では、これまで紹介してきた書き方と同じです。「型」どおりに書き進めて高評価を得てください。

ここでは、私立高校最難関のひとつである、慶應《けいおう》義《ぎ》塾《じゅく》女《じょ》子《し》高校の課題作文の例を紹介しましょう。

作文例を見るとわかりますが、今までの型どおりの文章になっています。つまり、型はそのままで、内容をより詳しく書けばいいわけです。もちろん、600字の長さの分量になるように、構成メモをきちんと取りましょう。

> 生命科学技術の発達により、絶滅した動物を復活させる「ディ・エクスティンクション（逆絶滅）」とよばれる研究が進められています。
>
> 例えば、絶滅したマンモスを復活させるために、核を取り除いたゾウの卵《らん》に、永久凍土から発見されたマンモスの細胞の核を注入する試みが行われています。
>
> 絶滅した動物を人工的に復活させることについて、あなたの考えを六〇〇字以内でまとめなさい。
>
> **（令和二年度　慶應義塾女子高校）**

この場合は賛成表明ではなく、与えられた題に対しての考えを述べているんですね。

型②

　絶滅した動物は、現時点においてはまだ復活させるのは早いと考えています。たしかに、絶滅した動物の復活にはロマンがあります。復活させるための研究は、遺伝子工学の発展にも寄与するでしょう。新たなビジネスが生まれ、利益を得る人も出てくることが予想できます。しかし、そうしたプラス面の恩恵を受けられる人は限られるうえ、マイナス面もあります。絶滅動物を復活させても、その動物が生きていた環境まで復活させるのは不可

型③

能です。復活した動物は、施設で研究対象としての一生を送ることになります。代理母体となる動物の犠牲、生まれた瞬間に消える可能性の高い「命」の問題もあります。このような倫理面の議論はまだこれからです。

　また、たとえば復活した絶滅動物が繁殖して野に放たれれば、生態系が壊れ、現在の生物が絶滅に向かう可能性もあります。復活した絶滅動物を将来にわたって施設の中だけにとどめておける保証はありません。現在存在しない生物を生み出したときに及ぶ影響は、現代科学でもシミュレーションしきるのは困難です。絶滅している動物の復活によって、現在の動物が危機にさらされては本末転倒です。一部の人の利益のために、多くの人が不利益を被ることは避けねばなりません。

型④

　このように物事にはプラスとマイナスの両面があります。絶滅動物の復活は今のところ、プラスよりもマイナスの影響が大きく、時期尚早と考えます。

「あなたの考えを述べなさい」

難関高校入試の小論文・作文に挑戦しよう②

次の四コマ漫画から読み取れることについて、あなたの考えを三百字以内で述べなさい。

（大阪教育大学附属高校池田校舎）

一度でいいから
バナナをおなかいっぱい
食べてみたいのです。
よし
叶《かな》えてやる。
トン
モク
モク
そういうことじゃ
なくって…。

（マンガ／しもつきみずほ）

　結果ではなく、過程に喜びがあることが読み取れる。それは、私も実感することがある。何かを達成したとき、その達成のために主体的に関わるほど、充実感が得られる。漫画の

型①

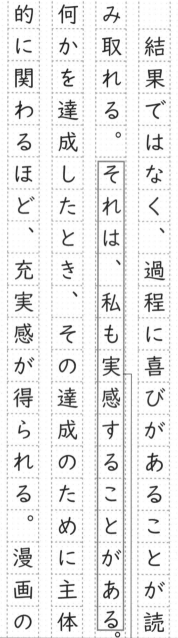

サルはおなかいっぱいになるのに苦労もしていなければ、食べるという行為もしていない。そこに喜びがないのは当然だ。たしかに、人は何かを達成したあとの状態に憧れがちだ。しかし、達成するまでに自分が主体的に関わっていなければ喜びは得られない。

たとえば部活の練習のあとに飲む水は、水道水でもおいしく感じる。それは練習で肉体を追い込んで汗を流したからだ。このように、大きな充実感を得るためには主体的な行動が必要だ。私は主体的に行動していきたい。

型③

型②

型④

「〝私らしさ〟を書きなさい」

難関高校入試の小論文・作文に挑戦しよう③

「私らしさ」という題で、二百五十字以上、三百字以内の文章を書け。（本文を参考にする必要はない。句読点等も字数に含め、原稿用紙の使い方に従って書くこと。なお、本文は一行目から書き始めるものとする。）

（大阪教育大附属高校平野校舎）

型②

　私らしさを発揮するためには、自分が本当に好きなことを自覚する必要がある。「私らしさ」というと、たしかに何か自由で広がりのある印象がある。しかし、「私らしさ」を出すには、いくつもの好きなことのなかから、本当に好きなことを絞らなければならない。
そしてその本当に好きなことと向き合いなが

型①のような「賛成」の宣言ではないものの、与えられた題に対して肯定的に受けとめ、自分の意見を述べていますね。

型3

ら高めていくことが、私らしさになっていく。
　たとえば、中学に進学したとき私は、どの部に入部するかで大いに悩んだ。その結果、吹奏楽部に入部した。今では夢中になってトロンボーンの演奏をしているときが、いちばん私らしさが出ている瞬間だ。このように、今後も演奏の技術を高めて、私らしい音を奏でられるようになりたい。

型4

短文を読んで感じたことや思ったことを述べる

難関高校入試の小論文・作文に挑戦しよう④

次のことばについて、あなたが感じたり思ったりすることを六百字以内で述べなさい。
「世界は『のっぺらぼう』である。（西江雅之）」

（平成二十九年度　東京都立西高校）

　のっぺらぼうは目も鼻も口もない妖怪だ。表情がない存在である。したがって「世界は『のっぺらぼう』である」とは、世界は無表情な存在だということだ。

型②

　たしかに、我々が生きる世界にはさまざまな人間や動物、植物や鉱物が存在する。一見すると世界は表情豊かに思える。しかし実際は、あとから我々が表情を与えているのだ。

この場合は賛成表明ではなく、与えられた題の短文の比喩をかみくだいて説明しているんですね

型③

たとえば、日本人の主食である丸く白い穀物の名前を考えてみよう。英語では一様に「ライス」と呼ぶ。ところが、日本語では、水田に生えているときは「稲」、収穫後は「お米」、調理後は「ご飯」と、段階に応じて呼び分ける。稲作や米食と深く関わる歴史の中で複数の言葉が生まれ、区別されるようになったのだろう。この区別がされる前の状態がのっぺらぼうなのだ。「稲」「お米」「ご飯」と呼ぶときに思い浮かべる姿、すなわち表情は異なる。

型4

このように、我々は無表情な相手に対して、言葉による区別を通じて表情を見ている。「意味がある」のではなく「意味を与えている」ともいえる。だから、見る側である我々の文化や言語が異なれば、意味づけされて見える表情も異なる。まるで、視点によって見え方が激変するだまし絵のようだ。その見え方に正誤も優劣もない。むしろ、さまざまな姿が見えたほうが感動は大きい。この教訓から私は、多くの文化や言語に触れて多様な視点をもつことの重要性を再確認した。

図を用いて自分の考えを述べる

難関高校入試の小論文・作文に挑戦しよう⑤

図1はジニ係数（＊注1）の異なる4つの国について、係数の低い国から高い国を縦に並べ、所得格差に関する国民の意識調査を比較したものであり、**図2**は各国政府の格差是正に関する国民の意識を比較したものである。更に**図3**は日本における社会保障の負担と給付のバランスに関する意識調査を表したものである。

自由主義的福祉国家のアメリカ合衆国、社会民主主義的福祉国家のスウェーデン、保守主義的福祉国家のフランスを取り上げ、**図1**、**図2**の表す内容に触れた上で、「これからの日本の社会保障の負担と給付のバランスをどうすべきか」、あなたの考えを540字から600字で述べなさい。

＊注1　ジニ係数……社会における所得分配の不平等さを測る指標。ジニ係数がとる値の範囲は0から1で、係数の値が大きいほどその集団における格差が大きい状態である。

（平成二十九年度　東京都立日比谷高校・改題）

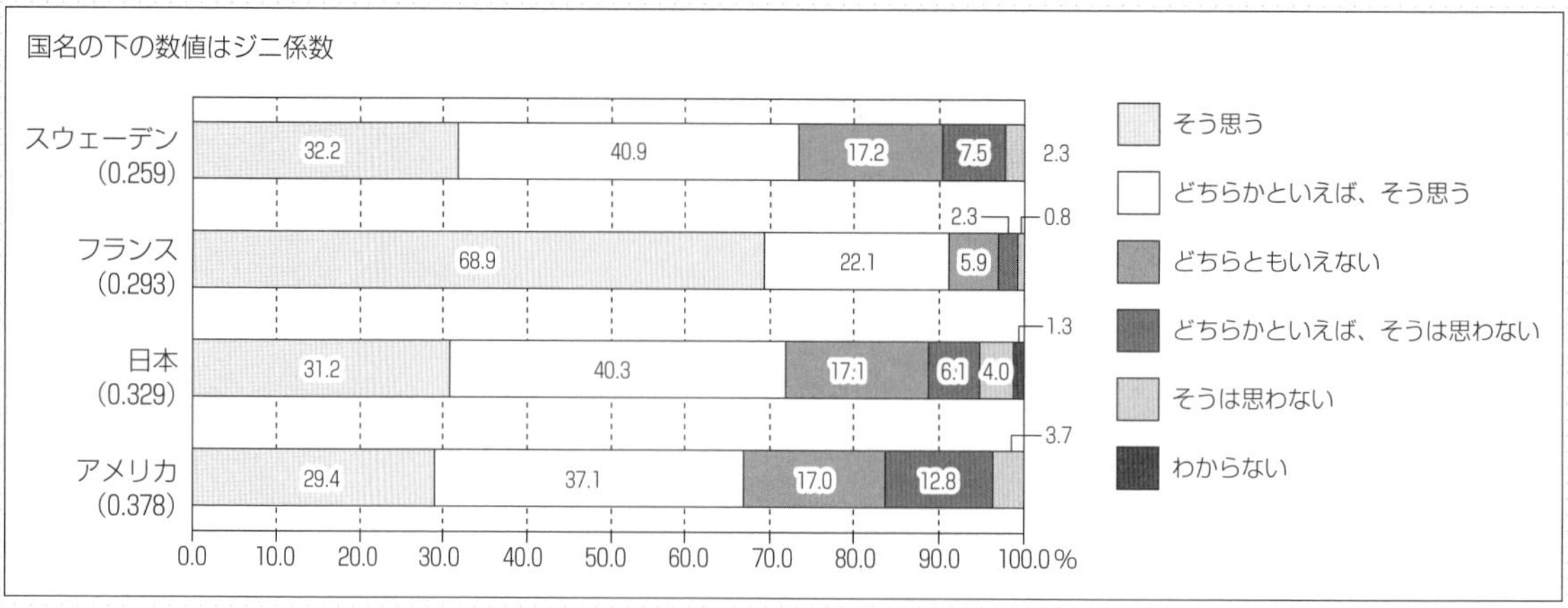

図 1　自国の所得は格差が大きすぎる

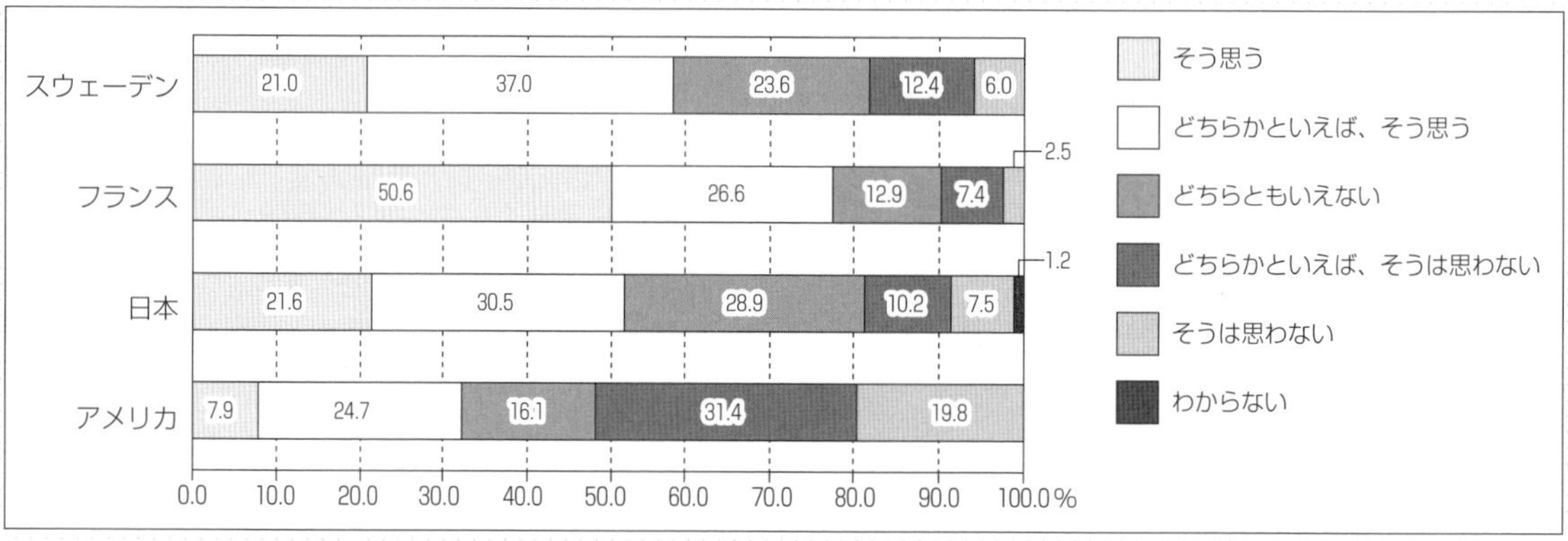

図 2　所得の格差を縮めるのは、政府の責任である

（図 1、図 2 は、「平成 24 年版厚生労働白書」より作成）

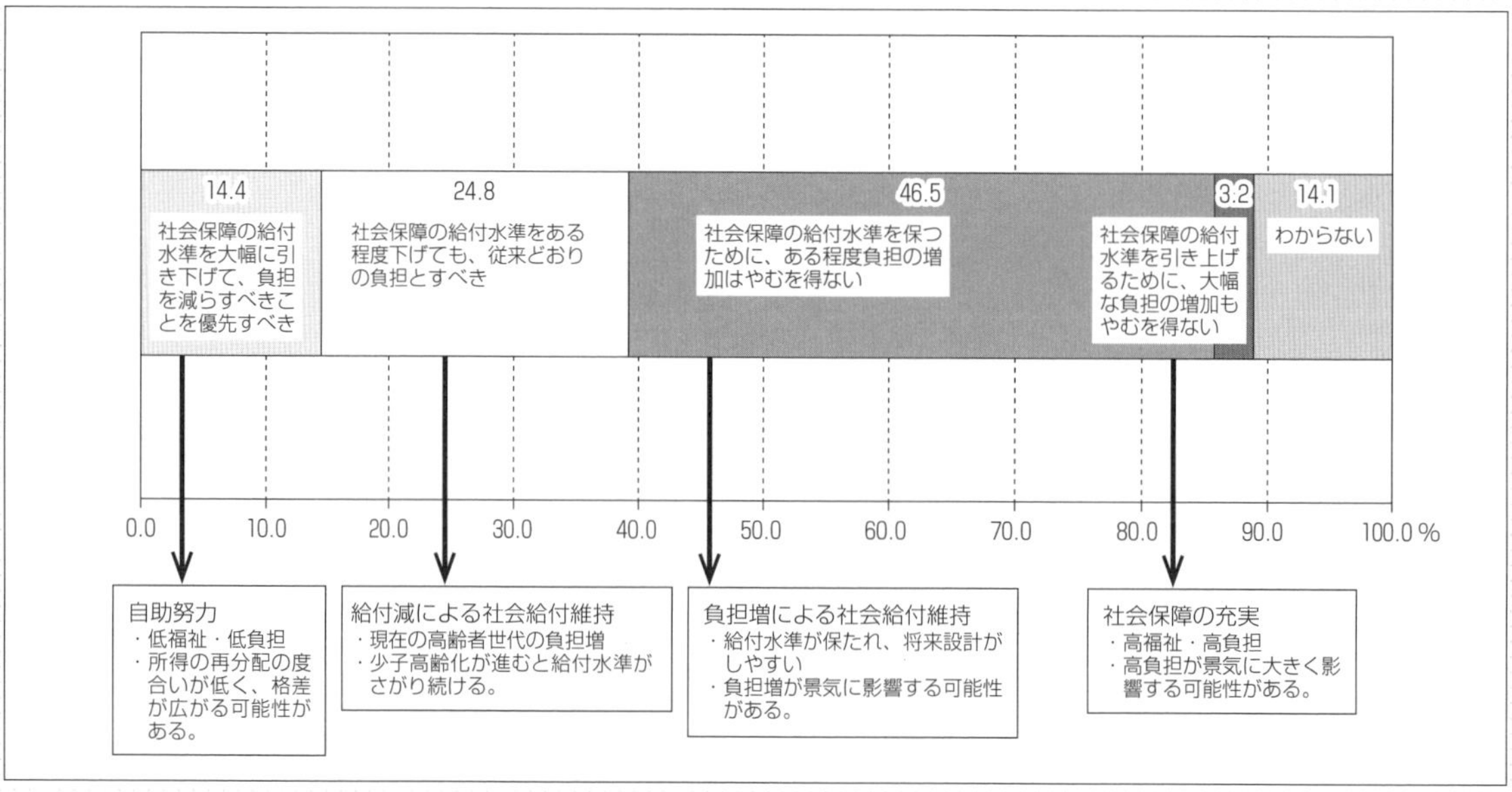

図 3　社会保障の負担と給付のバランスに関する意識調査

（厚生労働省「社会保障に関する国民意識調査」（平成 24 年）より作成）

与えられた図から読み取れることをまとめて、自分の意見の根拠にしています。

図一より、国民の七割は社会民主主義のスウェーデン同様、所得格差を大きいと考えている。図二より、スウェーデンや保守主義のフランス同様、五割以上の国民が所得格差縮少を政府の責任と考えている。図三より、約五割の国民は給付水準の維持・向上のために負担の増加をやむを得ないと考えている。

　以上から、自由主義のアメリカとは異なり、日本では公的な社会保障給付を充実させることが国民意識に沿うだろう。

たしかに、国民

型②

型①のような「賛成」の宣言ではないものの、問いに対する自分の意見を述べていますね。

の約四割は負担の増加を望まない。しかし、日本のジニ係数はアメリカに次いで高く、所得分配が不平等だ。そのため、国家が積極的に格差の解消に取り組むべきだ。

　もっとも、社会保障を充実させるための負担増加は、国民の所得減少につながり、かえって格差が広がるおそれもある。そこで、給付の形を多様化させて国民が選べることが望ましい。たとえば、介護の必要な高齢者には現物給付、生活に困る失業者には現金給付と、

型2

型3

対象に適した柔軟な形にすることで、受給者の需要に見合う給付が可能となる。一方、負担についても、税金や年金などの現金以外の現物形式も認めるべきだ。たとえば、所得の少ない者は、地域の介護や育児ボランティア、車いすの提供や修理などの現物負担を選べば現金負担を免除されるようにする。このように、給付と負担を多様化させることで、日本の現状に合った社会保障の拡充と所得の格差の縮小を実現するべきだ。

型4

お役立ちQ&A その③

Q

一般入試の国語の過去問を解いていると、時間がなくて最後まで作文を書き切れないことがよくあります。時間切れになってしまっても、途中まで書いたほうがいいでしょうか？

A

状況によって判断するのがいいでしょう。

たとえば、作文を書く時間が残り2、3分程度だったら、制限字数の半分も書くことができないですよね。半分近く書いたけれど、そこで時間切れというのはいちばん避けたいことです。半分以下しか書けなければ1点ももらえない可能性が高いからです。中途半端に数行書いて点数をもらえないくらいだったら、作文は見送りです。解き終えた問題の見直しをして、ケアレスミスのチェックに時間をかけたほうが得点が上がります。国語の読解における選択肢の問題や抜き出し問題は5点程度の配点になります。それは作文の配点の約半分にあたります。そのため、作文をあきらめても、ケアレスミスを発見して5点アップすることができれば、そのほうがいいわけです。

作文を書く残り時間が5分程度あり、原稿用紙欄の9割を埋め切れるかどうか、きわどいケースもあるかと思います。この場合は、内容的に書けそうであれば、迷わずトライです。書ける気がしなければ、思い切って作文は見送りましょう。その残った時間で、解き切れなかった問題に取り組んだほうが、得点を高められる可能性が高いからです。

また、作文を書くことを選択したものの、まだ書いている途中で残り時間があとわずか10秒。そんな状況になったらどうしますか。書いている文の途中で試験時間が終了してしまい、減点対象になってしまう受験生をよく見てきました。
どうすればいいのかというと、書いている途中の一文を強引に完結させてしまうのです。無理があってもかまいません。一文が途中で切れてしまっていれば確実に減点されますが、その一文がとりあえず「。」まで書いてあれば、減点されずにすむ可能性もじゅうぶんあるからです。

と、いろいろいいましたが、まだ入試まで期間があるのなら、受験する学校で過去に出題された小論文・作文を数年分練習し、わずかな時間で仕上げられるように訓練しておきましょう。ゼロから内容を考えて書くのではなく、STEP3で紹介している作文例を覚え、アレンジして活用すれば、だれでも短時間で小論文・作文を書けるようになります。創造は模倣《もほう》（真似ること）から生まれるのです。

積極的に作文例を真似してください。

書き終えたあとのチェックリスト

読み返しは必須！　ここで差がつく

作文を書き終えたら最終チェック！　減点されるところがないか、もう一度確認しましょう。この最後の確認作業が高得点の小論文・作文につながるのです。

CHECK

書き終えたあとのチェック項目

- □設問の指定条件は満たしているか(20～31ページ)
- □文字の消し跡が残っていないか(40ページ)
- □消しすぎている文字はないか(40ページ)
- □かたちがくずれているひらがなはないか(40・41ページ)
- □誤字・脱字はないか(42～44ページ)
- □送りがなは正しいか(45ページ)
- □ひらがなで書くべきものを漢字にしていないか(46・47ページ)
- □意味が重複している言葉を使っていないか(48・49ページ)
- □間違った日本語の使い方をしていないか(48・49ページ)
- □副詞の呼応関係は間違っていないか(49ページ)
- □接続語は正しく使われているか(49ページ)
- □原稿用紙の使い方は正しいか(50・51ページ)

せっかく書いたのだから、つまらないミスがないようにします！
読み返すための時間を残しておくことも大切ですね！

□文体は統一できているか（52ページ）
□話し言葉で書かれていないか（53ページ）
□長すぎる一文はないか（68・69ページ）
□読点をつけているか（71ページ）

チェック項目については、以前のページでそれぞれ確認しておくといいですね。

おわりに

本書では、小論文・作文を書くときのさまざまな注意事項を挙げてきました。それでもめげずに、よく最後まで読んでくれました。そんなキミにだからこそ、あえて今まで伝えてきたことと逆のことをいいます。

細かいことはあまり気にしすぎないで、とにかく何回か作文を書いてみましょう。

書き終えたら、学校の先生や塾の講師に添削《てんさく》してもらいましょう。何回か添削してもらうことで、自分のミスパターンがわかってきます。話し言葉で書いてしまったり、「〜たり」を単独で使ってしまったり、ひらがなのかたちで減点されることもあるかもしれません。そのミスを、次はしないようにする。そのためには添削してもらった作文をクリアファイルなどに入れて、まとめて見直すことができるような状態にしておくといいでしょう。そして何回か添削を受けて練習を重ねることで減点されない作文、すなわち高得点をもらえる作文を書けるようになります。

最後に、もっと大切なことを伝えます。

古文の読解や数学の証明問題に取り組んでいるとき、「こんなの、社会に出たら役に立たないのになあ」なんて思ったことはありませんか。たしかに、受験勉強はその学習内容自体の習得よりも、勉強の仕方を身につけたり、複雑な思考をする力を培《つちか》ったりするところに価値があります。そういう意味では、受験勉強の対象である各科目の内容は、本質的な力を高めるための材料にすぎない、ということができるかもしれません。

しかし、入試小論文・作文はほかの科目と一線を画しています。それは、**合格するための入試小論文・作文の書き方を習得すれば、その知識をそのまま生かせる場面が将来、いくらでもあるということです。**

たとえば、社会人になって営業用のプレゼンシートを作成するとき。または大勢の人の前でスピーチをするとき。レポートを作成する機会もあることでしょう。そのような場面でも、本書で伝えた小論文・作文の書き方の知識を活用することで、周囲から一目おかれる文章を作成することができます。じつはいま、このあとがきも、「たしかに」「しかし」「たとえば」という作文の「型」を使って書いているのに気づいたでしょうか。

小論文・作文を書くスキルは、文章力といいかえられます。文章力は汎用性《はんようせい》が高く、一生役に立つ能力です。そんな有用なスキルを得るためのノウハウは、すべて本書で伝えました。自信をもって入試に臨《のぞ》み、合格を手にしてください。そして将来、文章力に自信のある社会人になってください。きっと実現できます。本書がそのための手助けになれば幸いです。キミを応援しています。

西村　創《はじめ》
石井知哉《ともや》

西村　創（にしむら　はじめ）
早稲田アカデミー、駿台、河合塾Wings等で指導歴25年以上。新卒で入社した早稲田アカデミーでは入社初年度に生徒授業満足度全講師中１位に輝く。駿台ではシンガポール校講師を経て、香港校校長を務める。河合塾Wingsでは講師、エリアマネジャー、教室長、講師研修などを10年以上務める。
また、School Post「都立高校 推薦入試 対策講座」の小論文・作文指導担当、オンライン生活情報サイト「All About」の教育・受験ガイド、セミナー講演などに携わる。テレビ出演、新聞・雑誌掲載多数。「にしむら先生 受験指導専門家」としてYouTubeでも活動中。

石井　知哉（いしい　ともや）
School Post主宰、学習・進路アドバイザー。
小学校低学年の補習から中学生・高校生の難関校受験、大学生の就職試験対策まで、幅広い年齢・学力層を対象に指導歴25年余り。文系・理系の枠を超えた教科融合型授業で、好奇心を刺激し学習意欲を引き出す個別指導を得意とする。現在はSchool Postにて、中学・高校・大学受験の指導をおこなうほか、「都立高校 推薦入試 対策講座」の教務・運営を統括。オンラインでの小論文・作文の添削指導も担当し、毎年多くの受験生を難関校・人気校合格に導いている。「School Post高校受験ナビ」（https://school-post.com/）をはじめ、各種Webメディアでの執筆やインタビュー多数。

改訂版《かいていばん》　高校入試《こうこうにゅうし》　塾《じゅく》で教《おそ》わる 小論文《しょうろんぶん》・作文《さくぶん》の書《か》き方《かた》

2021年９月10日　初版発行
2024年11月10日　５版発行

著者／西村《にしむら》　創《はじめ》・石井《いしい》　知哉《ともや》

発行者／山下 直久

発行／株式会社KADOKAWA
〒102-8177　東京都千代田区富士見2-13-3
電話　0570-002-301（ナビダイヤル）

印刷所／株式会社加藤文明社

●お問い合わせ
https://www.kadokawa.co.jp/（「お問い合わせ」へお進みください）
※内容によっては、お答えできない場合があります。
※サポートは日本国内のみとさせていただきます。
※Japanese text only

定価はカバーに表示してあります。

ISBN 978-4-04-605073-1　C6081